Perspectivas do Seminário 5 de Lacan

Campo Freudiano no Brasil

Coleção dirigida por: Jacques-Alain e Judith Miller
Assessoria brasileira: Angelina Harari

Jacques-Alain Miller

PERSPECTIVAS DO SEMINÁRIO 5 DE LACAN

As formações do inconsciente

Tradução:
MARIA JOSEFINA SOTA FUENTES
psicanalista

Revisão técnica:
SANDRA GROSTEIN
psicanalista

Jorge Zahar Editor
Rio de Janeiro

Título original:
El Seminario de lectura del libro V de Jacques Lacan: Las formaciones del inconsciente

Tradução autorizada da primeira edição espanhola, publicada em 1998 pela Escuela del Campo Freudiano, de Barcelona, Espanha

Jorge Zahar Editor Ltda.
rua México 31 sobreloja
20031-144 Rio de Janeiro, RJ
tel.: (21) 240-0226 / fax: (21) 262-5123
e-mail: jze@zahar.com.br

CIP-Brasil. Catalogação-na-fonte
Sindicato Nacional dos Editores de Livros, RJ

M592p Miller, Jacques-Alain
Perspectivas do Seminário 5 de Lacan: as formações do inconsciente/Jacques-Alain Miller; tradução, Maria Josefina Sota Fuentes; revisão técnica, Sandra Grostein. — Rio de Janeiro: Jorge Zahar Ed., 1999
(Campo freudiano no Brasil)

ISBN 85-7110-521-9

1. Lacan, Jacques, 1901-1981. 2. Inconsciente. 3. Psicanálise. I. Título. II. Série.

CDD 150.195
99-1289 CDU 159.964.2

Sumário

Este livro é resultado do seminário realizado em Barcelona em 29 e 30 de julho de 1998.

O ângulo do novo

Encontramo-nos diante da obrigação de escolher um ângulo, uma perspectiva de leitura que, obviamente, não será a única. Penso nas definições de Lacan acerca da verdade, ou das verdades: não são superfícies, mas sólidos. Ou seja, ao apresentar-se em três dimensões, podemos olhar a mesma verdade a partir de diferentes ângulos.

As verdades não são planas, ou melhor, claro que existem verdades planas! Essas são as verdades do senso comum, as verdades registradas, codificadas, da sabedoria das nações. Mas essas não são as nossas verdades, que têm relevo, e é por isso que são essencialmente múltiplas as perspectivas que podemos lançar sobre elas. Não acrescento o múltiplo como um atrativo suplementar para corrigir "o Um" — aquilo que pudesse ter de asfixiante —, mas o múltiplo é inerente à noção que temos das verdades.

A verdade do senso comum sustenta que ela é uma e que o erro é múltiplo. No entanto, é muito mais interessante dizer o contrário, que a verdade é múltipla e que, inclusive, o erro é um. É sempre o mesmo erro que cometemos. Poderíamos dizer, apoiando-nos em Lacan, que cometemos sempre o erro de levar o simbólico ao imaginário, de levar a combinatória do simbólico à presença idiota da imagem. Mais adiante, evidentemente, corrigirei o que esta introdução tem de excessivo já que, para Lacan, há uma objetividade da estrutura. Isso é precisamente o que desenvolve nesse Seminário.

De todo modo, devo enunciar uma perspectiva para ler com vocês o Seminário, para atravessá-lo. No cartão rosa que lhes entregaram está escrito: "orientação de leitura". Pois bem, cada um fará a leitura que quiser a partir de sua própria perspectiva, e eu mesmo farei outras leituras distintas da que colocarei à prova durante estes dois dias. Mas tenho que enunciar como pretendo entrar no Seminário: direi que é com a perspectiva do novo.

O novo e o mesmo

De que maneira o novo? Uma certa precipitação transparece na pergunta. É uma pergunta que, de modo geral, insiste na psicanálise, pois a experiência analítica desenvolve-se justamente sob o signo contrário ao novo. Desenvolve-se sob o signo da repetição, quer dizer, faz-se a experiência incessante do mesmo. De fato, na psicanálise, tentamos enganar o retorno do mesmo. Contamos histórias do que nos ocorreu e, evidentemente, nunca se atravessa uma rua da mesma maneira; há sempre o acaso que nos traz anedotas das quais podemos falar, e isso distrai. Porém acabamos encontrando sempre o mesmo, às vezes com o sentimento de ter feito um pequeno parênteses de um ano ou dois e, depois, retomamos o fio.

Freqüentemente, os que não têm a vantagem de ter o analista ao seu alcance imediato, na mesma cidade, e que espaçam suas temporadas de análise, estão forçados por esse motivo a comprimir o registro anedótico. São os que nos dão esse testemunho que comentava e, assim, vemos como um analisante chega, após seis meses sem sessões, retomando exatamente o mesmo ponto em que havia interrompido a análise. Portanto, sob a maré do cotidiano, existe um bloco que permanece inalterável.

A psicanálise ensina que a variedade das experiências conduz, progressivamente, a alguns grandes tipos e, inclusive, a uma mesma estrutura. Sob formas diferentes, percebemos que a mesma "posição" inconsciente, como diz Lacan, foi ocupada, primeiramente, por uma menina e, depois, por exemplo, por um velhote e que, finalmente, tratava-se da mesma pessoa, que a experiência depreende sucessivamente como o mesmo, com o sentimento do invariável, justamente na zona do final. Na análise, aponta-se o núcleo onde se circunscreve o ser, onde se faz a prova de sua densidade, de seu peso, de sua inércia. Daí o caráter crucial do novo em psicanálise e a dúvida sobre sua possibilidade. Às vezes, chamamos isso de mudança psíquica.

Conhecemos bem esse princípio de repetição que Freud articulou, resguardando-o da negatividade da experiência analítica. Ele poderia ter dito que esse retorno do mesmo seria o fracasso da psicanálise e seu limite. Mas não, fez disso um princípio e dele extraiu suas leis. Quanto ao sentimento de estancamento que acompanha a análise, criou o *working through*, a reelaboração.

Pois bem, com o princípio de repetição, não se pode deixar de elaborar a condição da novidade. Seria mais belo dizer a *nouvelté* — palavra francesa muito arcaica, creio que do século XVI (não tenho aqui os instrumentos para verificar) — para nomear a novidade.

Penso que é justamente o princípio de repetição e a condição da novidade que Lacan elabora nesse Seminário sobre as formações do inconsciente; e mais, digo que o tema central do trabalho nele desenvolvido é como pensar o novo na psicanálise.

Algo novo no dizer

Suponho que é para resolver essa questão — que se coloca tanto para Lacan como para nós —, que ele começa seu trabalho pelo *Witz*, já que é, antes de tudo, algo novo no dizer. O exemplo *princeps* do qual parte — e que tem forte ressonância em nós — é o *familionário*, de Heinrich Heine, uma palavra nunca dita, uma criação, algo novo. Ao menos é algo que nos anima a pensar que, no dizer, o novo é possível. É por isso que Lacan não falará de mudança psíquica, senão no final da análise, relacionando-a precisamente ao bem dizer. Ou seja, no final da análise há algo novo no dizer.

O bem dizer é uma definição bastante tradicional da retórica: a arte do bem dizer, inclusive a arte codificada do bem dizer que, evidentemente, Lacan não ignora. Em "A instância da letra no inconsciente ou a razão desde Freud", menciona Quintiliano e retoma essa referência nesse Seminário. Quintiliano é o indispensável grande manual dos letrados, da retórica antiga, que nos ensina a falar para seduzir, para convencer ou, inclusive, em certas ocasiões, para fazer triunfar o injusto sobre o justo. Ensina-nos, por exemplo, como se começa e como se termina um discurso, com uma codificação semelhante aos jogos de xadrez; explica-nos os estilos, como tomar a palavra, os desenvolvimentos. É o bem dizer como código.

O bem dizer que Lacan pensa para o final da análise não é o da retórica, o de fazer belos discursos. É o bem dizer que se aproxima do *familionário*, do neologismo. É preciso tentar dar à palavra "neologismo" uma acepção um pouco mais ampla: uma nova forma, um novo modo de dizer.

Freqüentemente, nos testemunhos dos AE, isso é evidente. Pensava, escutando-os há alguns dias, que cada um indicava seu neologismo. Talvez os mais sutis sejam os que não o deixam ver, que paulatinamente desnaturalizam alguns vocábulos. No fundo, essa é a alegria que está presente em todas as primeiras lições do Seminário de Lacan, que anuncia uma boa notícia: há algo novo no dizer. Aprendam com isso!

É assim que Lacan nos traz o *Witz* freudiano, uma mensagem inédita, *incongruente*. De fato, emprega esta palavra na página 27 do Seminário*, à qual há que se dar todo seu valor, já que a utiliza precisamente quando fala de metáfora e metonímia. Deve ser levada a sério, como uma mensagem inesperada, paradoxal e, inclusive, escandalosa — isto vocês encontrarão na página 31: *o escândalo da enunciação*. Em seguida, em vários lugares, retoma a noção bastante freudiana de fenômeno inesperado, inclassificável e que pode incluir tanto a tirada espirituosa mais refinada como a bobagem mais grosseira, um disparate, um ato falho ou um lapso. No fundo, nesse nível, é quase secundário o modo como a mensagem será classificada.

E penso ver o que Lacan reteve de Freud, além de retomar e esgotar metodicamente suas grandes obras para comunicá-las a seus ouvintes. É possível pensar dessa maneira, se me permitem, em um Lacan pedestre percorrendo as obras de Freud e passando-as uma atrás outra pelo filtro de sua máquina. Não é assim; o entusiasmo especial do início desse Seminário deve-se à abundância de significantes novos. E é esse justamente o chamado de Lacan nos seus últimos seminários, o chamado a um significante novo. E no fundo, a única expectativa que podemos ter de uma análise é a de um significante novo, um significante que escape ao código. Essa busca de um significante novo a temos aí, no Seminário.

O valor da diferença

Definitivamente, evidencia-se que somente os significantes que escapam ao código são os que verdadeiramente criam sentido. Sem isso,

* As páginas citadas referem-se à edição brasileira do Seminário 5 (Rio de Janeiro, Jorge Zahar, 1998).

confrontamo-nos com significantes muito conhecidos; ou seja, é o *asinus asinum fricat*, o asno que se esfrega com o asno, passamos uns aos outros as palavras de reconhecimento. Então, tomemos isso exatamente como uma aproximação do novo. O valor da mensagem reside na sua diferença com o código (estou modificando ligeiramente minha própria versão do Seminário ao final do último parágrafo da página 27).

Trata-se do valor que está na diferença. Essa pequena definição vai longe, já que situa o sentido precioso, o sentido que vale ou valeria em sua diferença com relação à norma. Podemos dizer que situa o sentido no desvio.

Certamente, não é uma concepção clássica do sentido. O clássico precisamente respeita e constitui uma norma estilística, e é o que permite dizer que um escritor é ou poderia ser um clássico. O que caracteriza sua relação com a norma é seu empenho em estar em conformidade com ela e, por esse motivo, existem gêneros clássicos. É exclusivamente no espaço clássico onde a linguagem literária ou pictórica distribui-se em gêneros homogêneos. Numa tragédia, é impensável introduzir o burlesco pois não pertence ao gênero, à norma adotada pela produção da linguagem. É por isso que Lacan, num dado momento e sem maiores desenvolvimentos, diz que ele e a psicanálise estão mais próximos do maneirismo. Diz isso duas vezes, porém sem desenvolvê-lo.

Por que maneirista? Precisamente, o maneirista obtém seus efeitos de maneira não clássica, apesar de, evidentemente, existir uma norma sobre a qual se produzem bruscamente derivações surpreendentes. Existe um livro admirável que me deixou uma recordação inesquecível — *El manierismo*, de Hugh Honour. Pensemos, por exemplo, na *Madona com a criança*, de Parmigianino, também chamada *A madona do pescoço comprido*, na qual surpreendentemente aparece um pescoço absolutamente desproporcional saindo dos ombros, com todas as curvas do corpo acentuadas de tal modo que parecem grotescas para um clássico. É precisamente nesse desvio, do qual inclusive podemos dizer que é uma bela deformação, onde reside o *mais-de-gozar*, e aí está a referência que Lacan dá sobre o *Witz*. É sem dúvida mais harmonioso do que o corpo despedaçado, dilacerado de Hieronymus Bosch. Em Parmigianino, no próprio seio da harmonia, cresce, subitamente, um excesso singular. No fundo, *A madona* de Parmigianino é um neologismo pictórico — se é que se pode dizer assim —, com a diferença de que, em vez de ser uma compreensão, trata-se da dilatação de uma parte do corpo, que tem uma conotação fálica. Assim, o desvio está no fundamento do sentido.

Levar isso a sério nos dá uma perspectiva sobre o que chamamos, em nosso código — o ensino de Lacan —, de uma sucessão de neologismos, se olharmos de perto a forma pela qual está construída. Lacan mostra engenho em sua maneira de ler Freud e, precisamente, seu ensino adquire valor, sem dúvida, em seu impulso inicial dessa distância, nesse desvio. Vê-se com clareza por que repetiu isso duas vezes e de que modo Lacan joga sua partida em comparação a todos os demais em psicanálise.

As sandálias de Hermes

Ainda que pareça excessivo, podemos dizer que a psicanálise ficou rapidamente atolada. Foi assim, fora da consulta de Freud e também fora de sua sala de espera, onde, às quartas-feiras, reuniam-se alguns perdidos que nele haviam reconhecido o homem da verdade. A sala de espera de Freud, durante o dia, era como uma balsa de náufragos para seus pacientes, alguns dos quais conhecemos; mas também era uma balsa de náufragos às quartas-feiras à noite, quando chegavam outros desorientados que iam até lá para tentar manter a cabeça fora d'água. Além desse lugar — que era também a corte dos milagres — a psicanálise sempre foi isso, as águas sujas, o pântano... Foi como Lacan rapidamente a viu.

E o que procurou? O mesmo que procuram os espíritos lúcidos, calçar as sandálias aladas de Hermes, detendo-se em outro lugar, primeiramente no estádio do espelho — sua forma de deixar esse palácio enlameado. Voando como uma gaivota sobre um mar sujo, cheio de resíduos das cidades, Lacan foi pousar num pequeno promontório. Com suas pequenas asas, pousou sobre o estádio do espelho e, em seguida, como esse promontório era um pouco insuficiente, pousou, ou melhor, encontrou Lévi-Strauss, Jakobson e a estrutura da linguagem. Esse era um promontório muito mais interessante, pois podia servir-lhe de alavanca, de ponto de apoio de Arquimedes, ao lado de quem foi pousar. Esse é o neologismo, o *Witz* de Lacan.

Há que se ver a alegria que isso dá. Pois a questão não se limita a saber se está ou não em Freud, se ele realmente o disse ou não — e é formidável ver o quão insignificante isso é em relação à potência em psicanálise. O que está presente no esforço de Lacan nesse Seminário é, precisamente, o que foi recebido na psicanálise, ou seja, o saber adquirido pelos demais e como ele se coloca ao lado. Em todos os seus Seminários, principalmente nos primeiros (embora seja nesse que tenhamos essa referência), vê-se como ele joga sua partida neológica, uma partida de desvio em relação a todos os demais.

A sanção do Outro

A referência é o Outro, o grande Outro da IPA. A tirada espirituosa é alcançada somente quando o Outro a reconhece como tal. É o *leitmotiv* dessas primeiras lições. A tirada espirituosa tem que ser sancionada pelo Outro. Leiamos um pouco na página 28: *Como é sancionada essa diferença? Esse é o segundo plano de que se trata. Essa diferença é sancionada como uma tirada espirituosa pelo Outro. Isso é indispensável, e está em Freud.* Leiamos um pouco mais na mesma página, quarto parágrafo:

A sanção do Outro terceiro, seja ele suportado ou não por um indivíduo, é essencial aqui. O Outro rebate a bola, alinha a mensagem no código como tirada espirituosa. Ele diz no código: "Isto é uma tirada espirituosa". Quando ninguém faz isso, não há tirada espirituosa. Quando ninguém se apercebe disso, quando "familionário" é um lapso, ele não constitui uma tirada espirituosa. É preciso, portanto, que o Outro o codifique como tirada espirituosa, que ele seja inscrito no código através dessa intervenção do Outro.

É o mesmo raciocínio que está em Freud e que Lacan sublinha ao retomá-lo nas páginas 103 e 104 em termos mais precisos: "O pouco-sentido da tirada espirituosa deve ser acolhido como um passo-de-sentido". O *pas* francês deve ser traduzido em português como passo, no sentido de dar um passo. O pouco-sentido do *Witz* deve ser acolhido pelo Outro como um passo-de-sentido, um passo adiante do sentido, inclusive se este sentido fosse de pouco ou de nenhum valor.

É isso que espera Lacan: sua história é precisamente sua série de neologismos, seu ensino neológico, que não foi sancionado pelo Outro psicanalítico. É o Outro dizendo: "isto não é uma tirada espirituosa". O emblema poderia ser o quadro de Magritte, onde está representado com toda a evidência um cachimbo sancionado por um "isto não é um cachimbo", contrário a toda evidência. De certa maneira, disseram a Lacan: "isto não é um ensino... digno de formar analistas". E podemos dizer que, se nós estamos aqui e que, se um de nós passa de vez em quando seu tempo redigindo seus seminários, é nesse movimento, nesse mesmo intervalo, que se espera que o Outro de que se trata sancione no sentido positivo, que ele reconheça esse ensino.

A criação do Outro

Naturalmente, formou-se uma comunidade alternativa que reconhece e sanciona como válidas as tiradas espirituosas de Lacan. Quer dizer que, de alguma maneira, o neologismo lacaniano produziu seu Outro que o aprova. Com efeito, se o Outro oficial se nega a codificar, ou bem cruzamos os braços e rendemo-nos, ou bem fazemos nascer um Outro na nossa medida, se é que se pode dizer assim. E nós somos isso, fomos absorvidos nesse lugar onde não chegou a sanção do Outro psicanalítico. Todo o ensino neológico de Lacan é um chamado à sanção do Outro, solicita-a e luta por obtê-la. E aos poucos, isso foi reunindo inicialmente centenas, depois milhares de pessoas numa comunidade alternativa.

Foi o que Cantor fez. Quando o *establishment* matemático não quis saber nada dos números transfinitos, criou a Associação Alemã de Matemáticos para que os reconhecessem. Citei esse exemplo faz tempo em *Ornicar?*

Uma estrutura de recorrência

A estrutura da tirada espirituosa teria de nos ensinar, ainda que seja difícil dizer desta maneira, algo como as técnicas do novo, pois essa estrutura do *Witz* é a produção de uma distância, mas que se completa pelo seu reconhecimento dado pelo Outro. Mas nem tudo consiste em desconcertar o Outro, é preciso ainda obter seu consentimento. De fato, se pensarmos melhor, essa estrutura não é outra senão a do passe. Lacan assinalou que o passe tem a estrutura do *Witz*, e quando o comentei na ocasião, disse que era correto, posto que se trata do relato de uma vida, condensada numa boa história que se pode contar aos demais. Essa estrutura exemplifica-se pela narrativa da própria análise que o passante faz aos passadores e que eles em seguida contam ao cartel. Voltamos a encontrar a estrutura de recorrência, que é a da tirada espirituosa.

É uma estrutura muito importante que vemos surgir no Seminário, na página 26, quando pela primeira vez Lacan opta por fazer surgir o segundo andar do grafo. É como no circo, quando os atletas se sustentam uns aos outros nos ombros e de repente, *hop!,* forma-se mais um andar.

O momento no qual se produz essa dilatação refere-se, precisamente, ao processo de recorrência da tirada espirituosa, à idéia de que finalmente o Outro é também um sujeito dotado da mesma estrutura e que, portanto, não podemos contentar-nos com o que temos no andar inferior. Lacan, inclusive, evoca algumas construções por recorrência com um terceiro andar e, assim, tendendo ao infinito.

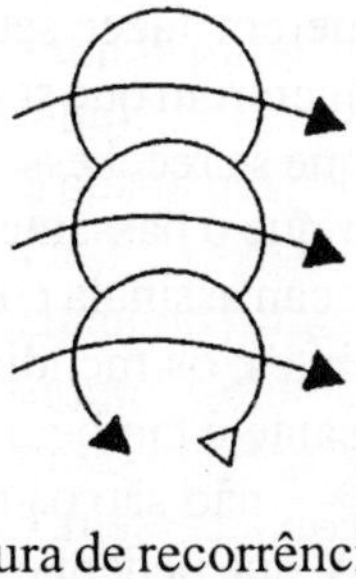

Com efeito, essa estrutura de recorrência da tirada espirituosa pode ser reencontrada no passe, onde resgata toda sua importância. Em vez de contar diretamente ao cartel, contamos a alguns, que contam a outros. Assim, ficamos imersos no processo que se amplia cada vez mais. E, prosseguindo nessa lógica, logo se conta à multidão, já que, depois, pega-se a mala e vai-se pelo mundo contando sua boa história. Por isso, comentei a equivalência da estrutura da tirada espirituosa com a do passe.

O neologismo do passe

Evidentemente, há um segundo modo de concebê-lo: o passe é um neologismo, uma nova forma de dizer. O sujeito conta como pensa ter escapado da repetição ou, ao menos, como aprendeu a "fazer com" a repetição, como estabeleceu uma nova relação com a repetição. Por isso, o passe não é um exercício de conformidade; a norma do passe é a da desconformidade. No entanto, não é nem todo um nem todo outro, existe uma tensão entre a desconformidade e a conformidade que esquarteja o passante. Se tomarmos outra vez o exemplo do circo, seria como se víssemos um Hércules de feira segurando tenazmente um cavalo em cada mão, cada qual tentando ir em uma direção, e o Hércules tendo que resistir para não ser esquartejado. Pois bem, o passante está assim, entre a desconformidade e a conformidade.

Quanto ao cartel, evidentemente, representa o Outro, o lugar do código da instituição. Independente dos membros que o compõem, representa o saber recebido, a ortodoxia em função do adquirido. É o cartel que deve consentir com o neologismo do passe, reconhecer o desvio, pois *familionário* é uma palavra que não está na língua nem jamais esteve; não se diz assim mas, ao mesmo tempo, deve ser acolhida como válida. É um desvio aceitável, não é a revolução. Os passantes não são revolucionários, querem fazer seus neologismos chegarem. São passantes somente por quererem que seus neologismos sejam recebidos, tal como Lacan quis que se recebesse seu neologismo de ensino. Nesse sentido, pode-se dizer que o passante é um demandante e, inclusive, um pedinte. De fato, Lacan assinala como, na obra de Freud sobre o *Witz*, vê-se passar os pedintes, os mendigos parasitas dos ricos, estendendo suas mãos. O passante é também um pedinte, justamente no *Witz* do qual nos fala Freud — não são os ricos, mas os pobres os que fabricam tiradas espirituosas, que pedem e que nunca estão satisfeitos.

Podemos representar o passe assim: aquele que foi empobrecido pela análise, verdadeiramente o sujeito vazio ($\$$), é quem se apresenta ao passe com seu pequeno *a*, $\$(a)$, vindo com seu pequeno tesouro para pedir que seja avaliado.

É como quando se vai ao joalheiro para lhe perguntar: "quanto vale, quanto você daria por isto?" A Escola então recebe-o e responde: "isto é uma jóia", ou bem "aqui não há nada, é pura bijuteria. Não tente passar gato por lebre". Efetivamente, essa é a crueldade do passe. Claro que também sempre é deixada ao sujeito a possibilidade de dizer: "você não entende nada", além de poder suspeitar da competência do joalheiro.

Temos então, por um lado, o sujeito que pede a avaliação de seu tesouro e, por outro, o cartel que é o Outro do qual fala Lacan mas que, no fundo, está ali para isso, para aceitar quando é oportuno, para deixar-se dividir, admitir um certo: "não o sabia antes que você me dissesse". Por isso é que nesse momento aceita registrar o neologismo do passante, aceita acrescentá-lo ao adquirido.

A Babel psicanalítica e a pedra lacaniana

Pois bem, Lacan foi mais além do simples neologismo, não fez apenas uma tirada espirituosa — e nesse sentido podemos dizer que é igual a Quevedo. Em Heinrich Heine, encontramos o famoso *familionário* apenas uma vez, ao passo que, em Quevedo, encontram-se neologismos a cada linha, é uma fonte contínua deles. De fato, é por isso que Lacan indica que a tradição principal do *Witz* é a espanhola. Deve-se dizer que Lacan se detém na tradição inglesa, na tradição alemã, passeia pela literatura francesa, mas deixa de lado a tradição principal que, como ele mesmo disse, é a espanhola. E apesar de prometer voltar ao tema, não o faz nessa obra.

Basta evocar, inclusive aos que não são muito versados nas letras hispânicas, o nome de Quevedo, o de Góngora, o de Baltazar Gracián, para perceber que os autores da língua castelhana sempre estiveram, ao menos na época clássica, na Idade do Outro, adiantados em relação às demais nações precisamente nesse ponto.

Em Lacan, encontramos, tal como em Quevedo, uma fonte contínua de neologismos e de *Witz*, que chega até a construção de uma língua especial: o grande Outro, o objeto pequeno *a*, o sujeito barrado etc. Podem encontrar os elementos dessa língua em formação no capítulo XVII, intitulado "As fórmulas do desejo". Nesse capítulo, antes de situá-lo em seu grafo, Lacan escreve as fórmulas de sua álgebra, pequeno *a*, $(\$\lozenge D)$, $(\$\lozenge a)$ D, d, s(A), S(Ⱥ), que ali não são neologismos, mas formam parte de uma língua especial. No fundo, é um paradoxo que Lacan construa claramente uma língua especial, mas que também é capaz de ser a língua comum da psicanálise. Essa língua adquire todo o seu valor em relação à Babel psicanalítica, tal como ele disse, onde temos a cidade do matema, que possibilita — é a idéia de Lacan — que nos entendamos a partir dessas fórmulas algébricas. A noção de que existe uma objetividade da estrutura no fundo está apoiada no estruturalismo. O grafo é um matema que pode ser visualizado facilmente, mas que tem o estatuto de matema.

Lacan deslocou a questão crítica da correspondência da linguagem com o real, que se apresenta como clássica — e nesse Seminário isso é bastante nítido, já que ele a coloca explicitamente. Na página 53, encontramos a seguinte pergunta: *o que vale essa linguagem?* Esta pergunta tem sido objeto de toda uma tradição, inclusive de toda uma retórica filosófica, a da crítica, que coloca no sentido mais geral a pergunta sobre o valor da linguagem, sobre o que representam suas conexões em relação às conexões do real. É a questão da correspondência entre o que se diz e o real. Todo o esforço de Lacan, inclusive no sentido mesmo da experiência analítica, será o de substituí-la pela questão da adequação, da correspondência da linguagem com ela própria, quer dizer, da consideração da linguagem mesma como um real. O que ele apresenta sob a forma do grafo são as conexões internas da linguagem considerada como um real. É o que nos permite dizer que não se pode falar sem colocar em jogo as funções representadas nesse grafo. Não se pode falar, enviar uma mensagem, sem passar pelo código, e não se pode passar pelo código sem mobilizar a instância do [eu]* e a referência ao objeto.

Na segunda parte do Seminário, revela-se que não é possível passar pelo código sem "colocar no horizonte" — expressão muito importante nesse Seminário — o desejo e aquilo que não se pode dizer, e que está no horizonte de tudo o que se diz. Temos aí funções que, para Lacan, pertencem ao real da linguagem. Esse Seminário tenta estruturar as co-

---

* Seguiu-se aqui a convenção adotada na edição brasileira das obras de Lacan: *moi* = eu; *je* = [eu].

nexões da linguagem como real e, portanto, tenta oferecer aos psicanalistas a única base segura de suas construções, dando-lhes a linguagem adequada para que se entendam em psicanálise. Por um lado, essa tentativa foi um fracasso, posto que disseram: "tudo isso não é para nós", mas, por outro lado, verificou-se que se tornaram cada vez mais Babel. Os analistas dos anos 50 estão bem distribuídos entre três, quatro ou cinco escolas, ainda que nos dias de hoje estejam um pouco empoeirados. Atualmente, na Babel da psicanálise, não chamo os fogos do céu para destruir a cidade da corrupção, de forma alguma. Digo-lhes: "falemos juntos". Hoje, as línguas especiais estão infinitamente multiplicadas na psicanálise oficial, muito mais do que no tempo de Lacan; é reino do "eu penso isto, eu penso aquilo". Pelo seu próprio movimento, por efeito da maldição — não digo divina mas do provincianismo da transferência positiva — as pedras de Babel transformaram-se progressivamente em pó. Com efeito, adiante existe uma comunidade que repousa sobre a pedra lacaniana que não se deixou pulverizar, que faz com que hoje nos entendamos com esse livro como se fosse atual. Representamos uma comunidade como eles não supõem que possa existir do outro lado. Então, chegamos com nossa língua simples, comum, que permite a conversação, no meio desse debate de surdos. E logicamente por isso desejam falar conosco muito mais do que nós com eles. É aí que o cálculo de Lacan a curto prazo, devem-se dizer, tem sido um fracasso estrondoso. Mas a médio prazo, mostra sua pertinência e, se os porquinhos não nos comem, a longo prazo, terá que produzir seus resultados.

O Outro da paróquia e o Outro do matema

Essa grande estrutura, a construção do grafo, ocupa o conjunto do Seminário, está presente nos sete primeiros capítulos e encontra-se, ainda, no oitavo capítulo, no começo da segunda parte. Depois, parece eclipsar-se, já que ali Lacan comenta "Uma questão preliminar a todo tratamento possível da psicose". Em seguida, o grafo volta a ter progressivamente atualidade no Seminário, e é a base de toda a última parte que nos introduz no atelier de "A direção do tratamento e os princípios de seu poder" que, de fato, é sua apresentação. Vemos ali, finalmente, Lacan incorporar em seu grafo os símbolos que a ele aderiram.

Por um lado, temos o grafo e, por outro, uma chuva de exemplos particulares, de neologismos, de histórias divertidas. Lacan dá de saída a chave, na página 12, quando diz: ... *só existe tirada espirituosa particularizada — não há tirada espirituosa no espaço abstrato*. É o que explica a configuração singular dessa obra.

Tomei partido ao intitular os sete primeiros capítulos com um neologismo particular, justamente para colocar em destaque essa regra do particular. O fato de que não exista tirada espirituosa no espaço abstrato, coloca muitas questões. É coerente com o que Lacan expõe mais adiante: a única coisa que salva o livro de Bergson sobre o riso é a necessidade de que o Outro seja da paróquia. Para que haja tirada espirituosa, para que se possa entendê-la como tal, o Outro deve ser da paróquia. Isso se investiga no passe, onde se torna evidente quando existem capelas especiais dentro da mesma paróquia, que têm sua própria língua. Mas a paróquia é um Outro limitado, não é a Igreja católica inteira, não é a cristandade. A paróquia é o vizinho e, já o sabemos, para que haja tirada espirituosa, é preciso compartilhar referências comuns, uma língua comum que não é universal. É a diferença entre o *Witz* e o matema. O matema não serve para a paróquia, pois o Outro do matema é supostamente o Outro universal. Esse é o estatuto especial do neologismo lacaniano, é um *Witz*, mas para todo mundo. O matema é um *Witz* para todo mundo, enquanto que o Outro do *Witz* é um Outro limitado no espaço. Aí existe uma tensão pois, ao mesmo tempo, o Outro que Lacan constrói em seu Seminário é um Outro que ele mesmo diz ser abstrato. Isso vocês encontrarão na página 122, quando Lacan define o Outro como ... *tesouro comum de categorias* [que] *apresenta um caráter que podemos chamar de abstrato*. Destaco a palavra "abstrato" e a tensão que existe entre "não há espaço abstrato na tirada espirituosa" e, ao mesmo tempo, "o Outro da tirada espirituosa apresenta um caráter abstrato". Existe aí uma tensão sobre a qual voltaremos mais adiante.

Dentro de alguns minutos, passarei a palavra a Antoni Vicens para que faça algumas considerações sobre Quevedo, especialmente sobre *El buscón*. Saliento que é uma obra que está traduzida em francês, entre as novelas espanholas picarescas de La Pléiade. Estão também *Guzmán de Alfarade* e *El Lazarrillo de Tormes*. São textos muito difíceis de traduzir para o francês, do mesmo modo que o Seminário será muito difícil de traduzir para o espanhol — não sei se Enric Berenguer, que se dedicará a fazê-lo, já começou. Pensei nele redigindo esse Seminário, e perguntava-me como faria para traduzir todos os neologismos que produzem sentido em francês mas não, forçosamente, em espanhol. Como traduzirá o *Miglionnaire* de Gide? — embora eu suponha que já deva estar traduzido em espanhol. Os sete primeiros capítulos serão os mais problemáticos.

Lacan Janus

Quero chamar a atenção, seguindo o fio do que dizia, de que na página 69, Lacan assinala que seus ouvintes poderiam surpreender-se diante da sua forma de proceder, que parte do exemplo. E o justifica da seguinte forma:

> *Isso decorre de uma necessidade própria de nossa matéria, cujo elemento sensível teremos a oportunidade de mostrar. Digamos que tudo o que é da ordem do inconsciente como estruturado pela linguagem coloca-nos diante do seguinte fenômeno: não é nem o gênero nem a classe, mas tão-somente o exemplo particular que nos permite apreender as propriedades mais significativas.*

Estabelece um princípio geral pelo fato de partir da abordagem do particular e não é retórico, já que para esclarecer o neologismo inicial de *familionário* entra nos detalhes, seguindo Freud, sobre a vida de Heine, suas relações com os Rothschild, inclusive sugerindo que seria necessária toda a história dos Rothschild para captar verdadeiramente essa tirada espirituosa. É a noção de que somente trabalhando em intensão é que se pode avançar na psicanálise. Era a mesma inspiração que fazia com que dissesse em sua tese de psiquiatria que, embora tivesse suas gavetas cheias de casos de psicoses, trabalharia apenas um único caso — o caso Aimée, um exemplo particular em seus mínimos detalhes.

Destaquemos então que, para Lacan, a matéria mesma da psicanálise, seu objeto, não se apresenta com as características do geral, mas da particularidade mais extrema. Por isso, nunca se deve hesitar em dedicar tempo aos detalhes mais particulares de uma ocorrência. É sempre no detalhe que reside Deus ou o diabo.

Evidentemente, essa declaração de amor pelo particular, pelo real sob os aspectos do particular, está em tensão com a construção da grande estrutura. Não esqueçamos que quem prega o exemplo particular é, ao mesmo tempo, quem constrói a estrutura. De fato, é preciso apenas virar a página para que Lacan se apresente, dessa vez, como aquele que constrói as leis estruturantes, primordiais da linguagem. Ou seja, existe uma tensão entre a estrutura única como formalização dos fenômenos da linguagem, tomados em seu aspecto mais geral, aplicável a todas as formações do inconsciente e à demonstração do particular. Por um lado, a demonstração que faz nesse Seminário é que tanto o *Witz* — que não é um fenômeno psicopatológico — como o lapso, o sintoma e o sonho respondem todos à mesma estrutura. Portanto, podemos dizer que aí Lacan trabalha no nível da classe das formações do inconsciente. De fato, nesse Seminário, ele constrói como classe as formações do inconsciente e procura demonstrar em que sentido respondem à mesma estrutura. Mas, por outro lado, as propriedades mais significativas são demonstradas somente no nível do particular.

Temos aí o Lacan Janus: quando visto por uma face é o homem do detalhe e quando visto pela outra é o homem da estrutura. É o que dá ritmo ao Seminário, o retorno, a complexidade dada à mesma estrutura com um certo atrativo dos exemplos particulares, uns mais delicados que outros, e nos quais ainda há muito para se investigar.

Temos, por um lado, o exemplo particular e, por outro, o parceiro do sujeito que Lacan constrói no Seminário e que é um Outro abstrato (o que pode ser lido detalhadamente entre as páginas 113 e 118).

O parceiro-máquina

Lacan coloca a questão de saber se seria possível reduzir ou conceituar como uma máquina esse Outro que diz: “isto é uma tirada espirituosa”.

Afinal, as máquinas, já no tempo de Lacan, faziam muitas coisas e no nosso fazem ainda mais. As máquinas sabem dizer que a porta do carro ficou aberta, fazer funcionar a cafeteira, indicam nossos erros, acordam-nos de manhã, sabem dizer "você esqueceu de colocar papel na impressora" — às vezes o dizem quando há papel, o que é mais inquietante, pois quando se enganam mostram um lado humano, o que as torna teimosas. Com efeito, as máquinas sabem perfeitamente aceitar e rejeitar. Por exemplo, as máquinas que funcionam com moedas, sabem rejeitá-las ou aceitá-las. E aí podemos perguntar-nos se uma máquina poderia reconhecer uma tirada espirituosa. É a ficção de Lacan na página 119, e eu quase acentuei isso dizendo: "a partir de agora, imaginemos uma máquina".

De fato, quando redijo o Seminário, sou o senhor da pontuação, pois a estenografia, em relação à pontuação, nem sempre é exata. Às vezes, é como uma faixa contínua e sou eu quem corta as frases tal como a matéria parece pedi-lo; às vezes, coloco algo em destaque. Aí acentuei o lado *esperum mentum* — *mentis*, como diria Zaloszyc, o lado da experiência mental que faz Lacan. Imaginemos uma máquina localizada em algum lugar, ou no código ou na mensagem, recebendo dados provenientes de ambos os lados. Está capacitada para decompor algumas vias de acesso por onde se realizam tanto a formação do termo *familionário* quanto a passagem do Bezerro de Ouro para o vitelo do açougue, a tirada espirituosa metonímica. Isso abunda em Quevedo. Apresentarei alguns exemplos, e deixarei Antoni Vicens apresentar os seus.

Suponhamos que [essa máquina] *seja suficientemente complexa para fazer a análise exaustiva dos elementos de significante* — e nesse ponto, hoje em dia não há problema algum —. *Será ela capaz de entender e de autenticar como tal uma tirada espirituosa? De calcular e responder que "Isso é uma tirada espirituosa"? Ou seja, de ratificar a mensagem em relação ao código ...?*

É o ponto de partida de Lacan e é nessa direção que vai até um Outro-máquina. Alguns seguramente devem conhecer o livro fascinante de La Mettrie, *O homem máquina*, uma das grandes obras do século XVIII. Lacan, nesse momento, sonha com um Outro-máquina. Em seguida, diz que isso não pode ser uma máquina, mas é evidente que sente sua falta. Diz, na página 119, que o Outro deve ser um sujeito real, pois precisa compartilhar conosco um certo número de coisas. Deve saber o que é uma necessidade e o que é uma demanda, deve ser um vivente. Mas, uma vez feitas todas essas ressalvas, termina dizendo, na página 122, penúltimo parágrafo: *Eis-nos portanto em condição de dizer que, longe de o sujeito diante de nós ter que ser um vivente real, esse Outro é, essencialmente, um lugar simbólico.* Então não é uma máquina, mas exclui, no entanto, o vivente e o real desse parceiro lingüístico fundamental do sujeito.

Encontramos, na página 123, uma série de adjetivos com os quais qualifica esse Outro, o que eu já havia destacado no meu curso em Paris. Tem um caráter abstrato, de certo modo existe um elemento supra-individual, um caráter singularmente imortal, também algo quase anônimo. Na página 124, diz: ... *não me dirijo no Outro a nada de específico, a nada que nos una numa comunhão* ..., e, em seguida, corrige dizendo que, no entanto, tem que ser da paróquia. Temos o Outro parceiro do sujeito que Lacan aí construiu, o Outro que aprova a mensagem desviada em relação ao código e, deve-se dizer, um Outro que não é uma máquina, mas que, no entanto, é o parceiro-máquina significante. Ao longo desse Seminário, à medida que vamos entrando nele, começa a aparecer cada vez mais a idéia de que o parceiro é o parceiro-máquina. Utilizo esta expressão para mostrar que esse é, justamente, o momento em que Lacan deixa de lado a via que retomará mais adiante do parceiro-sintoma, na qual, pela via da estrutura da linguagem, constrói o parceiro-máquina do sujeito. Isto está presente em todo o texto.

A satisfação particular do Witz

Há três anos, fiz uma releitura do *Witz* de Freud para tomá-lo, em parte, de forma inversa àquela de Lacan no Seminário; ou seja, enfatizando o mesmo que Freud, inclusive de modo muito mais explícito: o *Witz* como meio de prazer. Pois no Seminário existe toda uma orientação de Lacan para ler o *Witz* de Freud diminuindo a importância da função do prazer e do gozo.

É bastante surpreendente sua astúcia, pois Lacan aporta algo novo mas, ao mesmo tempo, para poder agüentar o sujeito da frente que está em seu auditório, tem que dizer: "tudo isto está em Freud". Se não o faz, é o desvio que não se perdoa na psicanálise. Há toda uma estratégia para diminuir a ênfase que Freud coloca sobre a função do gozo pois, embora em Freud esteja toda a construção significante — o aspecto lingüístico que naquela época estava totalmente descuidado —, existe também todo o aspecto econômico. E é desse ponto de vista que Freud considera a tirada espirituosa — o que permite uma economia do gasto psíquico e um ganho de prazer. Lacan consegue contornar isso para, ao contrário, colocar no centro a técnica significante, sendo que o retorno ao gozo ocupará a outra vertente de seu ensino. De certa forma, todo o Seminário contorna o parceiro-sintoma.

É muito engraçado ler, por exemplo, algumas frases inocentes de Lacan, na página 32: *... é o fenômeno técnico que especifica o chiste. Aí está o fenômeno central.* Nada mais inocente. Ou seja, o fenômeno central não é o prazer, enquanto que, para Freud, a técnica não passa de um meio para o prazer. Inclusive, na página 108, diz: *... o prazer da tirada espirituosa só se completa no Outro e pelo Outro.* É o laço trans-individual, a função trans-individual do inconsciente que *só se completa no Outro.*

O que diz Freud no capítulo IV do livro sobre a tirada espirituosa? Diz que se ocupa da psicogênese. Por onde ele começa? Pelo bebê, precisamente pelo "bu bu bu", pelos ruídos com a boca, pelo balbucio. Freud apóia-se em tudo que da tirada espirituosa pertence aos ruídos com a boca, que para ele é a raiz da tirada espirituosa. Posteriormente, superpõe algumas funções bastante complexas até chegar no *familionário*. Mas antes temos o balbucio infantil.

Nesse nível, para Freud, existe um prazer fundamental, o puro prazer lúdico do significante. Lacan tem razão quando diz: *o prazer da tirada espirituosa só se completa no Outro.* Mas, para Freud, o prazer da tirada espirituosa tem suas raízes submersas no desenvolvimento, num estágio do sujeito no qual o Outro não está ainda constituído, quando, ao contrário, existe de alguma forma uma conexão direta entre o significante e o gozo, sem passar pelo Outro que diz sim. Podemos discutir isso pois, com efeito, esse balbucio infantil, sem ser de alguma maneira suportado e acolhido, decai. É preciso o suporte do sorriso do Outro que, inclusive, nossos colegas da neurociência verificaram ser necessário para que os neurônios cresçam convenientemente. O lacanismo está demonstrado pelos neurologistas! No entanto, existe toda uma extensão que deixam de lado.

Pois bem, redigindo o capítulo V, divertia-me ao compreendê-lo aos poucos, já que na estenografia não ficava totalmente claro que se tratava de uma manobra envolvente e extremamente sutil das objeções. Tomemos a página 87: *Tendo chegado à parte patética de sua obra sobre a tirada espirituosa, a segunda, Freud se indaga sobre a origem do prazer que ela proporciona.* Portanto, essa parte patética, a parte do *pathos*, não é a parte do "matema". Lacan extrairá trechos do texto: *Tomem cuidado com isto, porém: o itinerário de Freud é freqüentemente sinuoso.* O que quer dizer com isto? "Tomem cuidado que freqüentemente Freud dá a impressão de dizer algo quando diz outra coisa. Muitas vezes, parece que diz o que diz mas, na realidade, diz o que eu digo." Esse é o sentido de seu *sinuoso*. E na página 88 diz:

Embora ele se refira a temas reconhecidos por diversas razões, psicológicas e outras, a maneira como se serve deles introduz a uma temática implícita, que é tão ou até mais importante do que os temas que lhe servem de referência explícita ...

No fundo, sugere que Freud diz algo, porém para fins muito distintos do que poderia parecer. É preciso ler as páginas seguintes. *É absolutamente essencial, nesse ponto, acompanhar o movimento da manobra.* Quando Lacan diz isto, na página 88, quer dizer que é preciso deixar as teses um pouco suspensas para entender aonde tudo isso nos leva. Ou seja, as teses de Freud não convêm muito nesse momento. *De conformidade com um sistema de referência explícito ...* Entendemos que o explícito não é o essencial: *... que se mostrará cada vez mais acentuado até o fim do livro, a origem primitiva do prazer é referida a um período lúdico da atividade infantil ...* Aí vemos claramente que a referência freudiana ao desenvolvimento se opõe à referência estrutural utilizada por Lacan. Seguem-se duas páginas para envolver as objeções e Lacan acaba dizendo, na página 90, que o objetivo da primeira parte é o de envolver a objeção — porque no fundo tem dificuldade em desembaraçar-se do explícito de Freud.

Acho engraçado que Lacan tome uma nova perspectiva e é evidente que, para fazê-lo, é preciso afastar algumas coisas. Por isso diz: *Vou lhes propor que não partamos de um recurso à criança*; e está tudo aí. Se tomamos como ponto de partida o recurso à criança, temos, com efeito, uma conexão muito mais direta entre o significante e o gozo, que não passa pelo mecanismo complicado da paróquia, mas que se trata de uma paróquia de dois. Temos uma relação muito mais direta do S_1 e do *a* precisamente no ruído com a boca, pois aí, como diz Freud, onde está o prazer? É o simples prazer da homofonia, dos sons que se repetem, e o simples fato de que o som se repita é agradável. Então, temos algo do originário que é justamente o que Lacan procura situar e estruturar em seu último ensino, apesar de, nesse momento, contornar e desvalorizar essa dimensão. Isso o conduz à elaboração, em seu lugar, de uma satisfação própria da tirada espirituosa, que não tem nada a ver com esse curto-circuito do significante e do gozo, uma satisfação que de fato está muito próxima do reconhecimento dado pelo Outro. Ele procura elaborar uma satisfação no nível do significante, própria da relação do sujeito com o Outro como lugar do significante. No fundo, tendo deixado de lado a criança freudiana, coloca em seu lugar uma satisfação interna à ordem significante, e é o que chama, na página 154, de *satisfação peculiar do* Witz.

Com essa página entramos na segunda parte, mas a frase *O chiste, com a satisfação que dele resulta e que lhe é peculiar* ... retorna à primeira. Segundo Lacan, qual é a satisfação peculiar do *Witz*? Produz-se exatamente quando a intenção do sujeito se realiza na mensagem ao mesmo tempo que a cadeia significante. O que chama de satisfação do *Witz* é, de certa maneira, a simultaneidade entre a realização da intenção do sujeito na mensagem e o alcance do ponto A, acolhendo a formação significante.

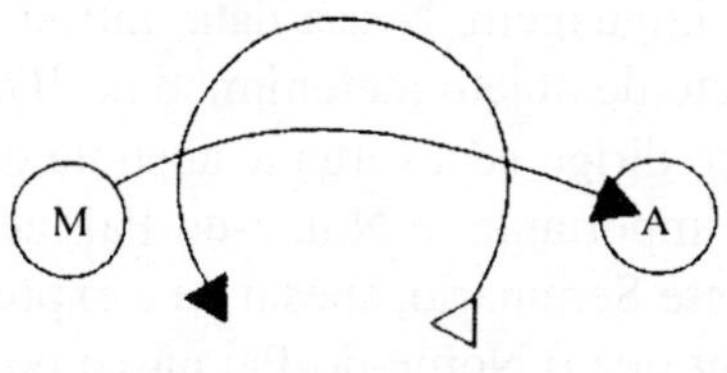

Se fossem produzidos ao mesmo tempo e superponíveis, ocorreria a satisfação, que não tem nada a ver com a satisfação lúdica da psicogênese freudiana. É uma satisfação muito elaborada que leva Lacan justamente a dizer que, como regra geral, não se produz, pois todo o sistema significante está regulado pela insatisfação. E o que

Lacan chama de desejo é na realidade a insatisfação permanente da linguagem, a defasagem entre toda intenção e toda demanda; ou seja, a defasagem da satisfação de toda demanda, onde nunca se obtém o que se pede — margem que é o desejo por excelência.

A psicogênese freudiana está arraigada definitivamente no gozo, mas Lacan constrói seu grafo arraigando-o na insatisfação e, de fato, chama-o de grafo do desejo e não de grafo do gozo. É o grafo do desejo como defasagem permanente entre a mensagem e o Outro de toda expressão verbal. Em geral, não há satisfação mas insatisfação, embora às vezes se produza, apesar de tudo, o milagre da satisfação. Ocorre no momento do próprio fracasso no dizer quando, na própria mensagem, sempre insuficiente, sempre de lado, o Outro chega a entender aquilo que está mais-além. Quer dizer, quando consegue entender justamente o fracasso em dizer. De certa maneira, a única felicidade está na interpretação, quando o Outro interpreta o fracasso no dizer, o lapso, o deslize, o limite e, no fundo, entende o que está mais-além, no horizonte.

O prazer que Lacan elabora é algo extremamente complexo. É o *Lust* da interpretação que se logra, o oposto da psicogênese. É uma satisfação que está ainda muito próxima do reconhecimento, que não é o reconhecimento da dialética hegeliana, mas daquilo que se quer dizer mais-além do que se consegue dizer. É o reconhecimento do objetivo da fala.

Para finalizar, seria preciso repassar o capítulo IV do *Witz* e compará-lo, termo por termo, com a manobra de Lacan. Manobra pelas melhores razões, pois ele havia firmado o ponto de vista da função da fala e do campo da linguagem. Nessa data, introduz o objeto *a*, mas somente sob o aspecto de objeto metonímico no *Witz*.

Todo seu esforço dirige-se à vertente abstrata do assunto, que nos fornece algo muito importante: o Nome-do-Pai lacaniano, que nasce verdadeiramente nesse Seminário, apesar de a expressão ter aparecido antes. Podemos dizer que o Nome-do-Pai nasce no fio do *Witz*. Logo voltarei a esse assunto. Definitivamente, o Nome-do-Pai é, no Seminário, o que no código pode dizer "sim" ao neologismo, ao passo que o código da máquina somente pode dizer: "isto se encontra, isto não".

Temos um exemplo que se tornou célebre. O Dr. Lacan escreveu numa ocasião *hommossexual* e François Leguil, que assim o escreveu em seu computador, acionou o corretor que não admitiu o *hommossexual* de Lacan, quer dizer, o equivalente a *familionário*. Corrigiu-o deixando a palavra com um só "m", o que produziu um incidente diplomático incrível. Finalmente, é indiscutível que é essa máquina que há dois meses vem provocando dificuldades, já que o incidente foi tomado como uma injúria terrível. A máquina disse: "isto não é uma tirada espirituosa mas um erro vulgar que corrijo", por ser um código fixado definitivamente. O que teria sido necessário? Que na máquina algo acolhesse *hommossexual* e dissesse: "tome seu lugar ao lado dos significantes do léxico". Faltava alguém representando as leis da linguagem, mas também capaz de cometer uma infração no regulamento automático, que admitisse as necessidades da causa, a excepcionalidade do duplo "m". Essa função que representa a lei e que também pode acolher a exceção é o Nome-do-Pai. Se pensam que estou exagerando, podem ir à página 152: *... o que autoriza o texto da lei se basta por estar, ele mesmo, no nível do significante.* Temos aí as fórmulas do texto "De uma questão preliminar a todo tratamento possível da psicose": é o significante que dá suporte à lei, é o significante que a promulga. É o Outro no Outro. Mas, na página 156, diz: *... o chiste consiste em acontecer no Outro alguma coisa que simboliza o que poderíamos chamar de condição necessária de qualquer satisfação. Ou seja, que vocês sejam ouvidos para além do que dizem.*

Em seguida, na página 156, nos dá uma forma da felicidade:

Aquilo que, na tirada espirituosa, supre o fracasso da comunicação do desejo pela via do significante, a ponto de nos dar uma espécie de felicidade, realiza-se da seguinte maneira: o Outro ratifica uma mensagem como tropeçada, fracassada, e nesse próprio tropeço reconhece a dimensão de um para-além no qual se situa o verdadeiro desejo ...

É justamente aí onde se produz a sobre-satisfação. E prossegue na mesma página:

Vocês estão vendo que a dimensão do Outro amplia-se um pouquinho aqui. Com efeito, ele já não é unicamente a sede do código, mas intervém como sujeito, ratificando uma mensagem no código e complicando-a. Ou seja, ele já está no nível daquele que constitui a lei como tal ...

Quer dizer, acolhendo e não rejeitando *hommossexual*. Para tanto, é preciso que o Outro esteja no nível do Nome-do-Pai, inclusive para compreender como funciona o *Witz*. É a única frase que nos ajuda a entender, inclusive, que não poderíamos ter o *Witz* mais simples se não houvesse Nome-do-Pai. De fato, é por isso que Schreber não faz tiradas espirituosas. Abundam neologismos, mas nenhum que tenha para ele o valor de uma tirada espirituosa. Até na menor tirada espirituosa deve estar presente essa função que representa a lei e que, ao mesmo tempo, constitui a exceção. Essa é a articulação entre a primeira e a segunda parte, e mostra a continuidade do esforço de Lacan.

Ainda mais notória é toda a elaboração que faz sobre a metáfora na primeira parte, em particular para compreender o esquecimento do nome, que é, evidentemente, o suporte da metáfora paterna. É tudo aquilo que elabora sobre Signorelli, com uma estrutura homogênea à do *Witz*. Em ambos, temos o mesmo lugar, ou seja, o nome Signorelli falta no lugar onde está *familionário*. Por um lado, está a produção positiva e, por outro, a falta do nome Signorelli. Lacan mostra que a falta deste nome é a mesma coisa que *familionário*, falta que não é uma ausência absoluta, mas a produção da falta disso. A partir daí, Lacan fornece uma estrutura da metáfora, que será o suporte da metáfora paterna.

Portanto, existem dois pontos de conexão entre a primeira e a segunda parte: não há *Witz* sem o Nome-do-Pai, já que ele deve ser acolhido pelo Outro e, para tanto, é necessário alguém que, representando a lei, deixe-o passar, que diga: "no entanto, pode passar". Se for a simples máquina, temos o incidente de Leguil. E o outro ponto é a elaboração da metáfora.

El Buscón

Agora Antoni Vicens — a quem agradeço por ter transportado uma estante inteira da biblioteca da universidade para colocar ao meu alcance algumas obras de Quevedo — nos falará de *El Buscón*.

A. Vicens: Iniciarei essas breves notas que tomei de improviso para satisfazer ao pedido de J.-A. Miller e também às expectativas do que é um trabalho de seminário, com uma das descrições que aparecem em *El Buscón*, que está ilustrado com pequenas descrições de personagens e que, em poucas linhas, descreve quase uma vida inteira. Trata-se daquele que chama de "O soldado dos trapos", e o trago por criar um vínculo estreito com o Seminário. Talvez E. Berenger possa utilizar este exemplo para sua tradução da tirada espirituosa de Ramón Canot, pois a ela se vincula.

Chamava-se esse Magazo, natural de Olías ... — e a edição erudita nos adverte que não é nenhuma casualidade que seja natural da cidade de Olías, da província de Toledo, pois a palavra *olías** já indica o fedor da personagem.

Havia sido capitão numa comédia e combatido com os mouros numa dança — vai descrevendo o mundo de ficção que acompanha essa personagem com suas moscas — *Aos de Flandres dizia que havia estado na China, aos da China, em Flandres. Falava de castelos que mal havia visto nos oitavos* — os *oitavos* eram pequenas moedas em que havia um castelo impresso. *Falava de turcos, galeões e capitães e todos os que havia lido em alguns versos, e como ele não sabia nada de mar pois não tinha de naval mais do que do comer nabos...***.

J.-A. Miller: É extraordinária esta homofonia: naval/nabos.

A. Vicens: Esta pequena novela, que se inscreve na tradição picaresca espanhola, apresenta-nos algumas peculiaridades da economia do gozo. O próprio nome Buscón já remete a buscar. Mas tal como em geral se apresenta a personagem do pícaro, é alguém que vai em busca de seu destino. Em geral, há uma referência ao pai, a um pai especial. O Lazarrillo de Tormes diz: "nasci no meio de um rio", pois nasceu num moinho onde há um fluxo que corre. A história dos pais de Buscón também está explicada. O pai era ladrão e a mãe prostituta e bruxa, o que remete a um complexo de Édipo especial. Então Buscón aparece, pois, como a personagem que busca seu destino, como uma espécie de

---

* Do verbo *oler*, que significa cheirar. (N.T.)

** Expressão idiomática que, na frase, reforça a idéia de absoluto desconhecimento do tema em questão. (N.T.)

sujeito vazio, em quem quase poderíamos dizer que a fantasia se reduz à pulsão.

A aparição da pulsão nessas novelas é constante, a comida nunca é suculenta, não é significante mas objeto da pulsão — para não falar dos excrementos que aparecem em páginas imortais.

Buscón aparece como o sujeito da pulsão, buscando seu destino. A tirada espirituosa, *la ocurrencia*, como se diz em espanhol — em catalão se diz *acudit*, que é mais ou menos o mesmo que *ocurrencia* —, indica o momento em que buscar e encontrar se tornam o mesmo. Não é estranho, então, que a novela picaresca tenha dado lugar a uma reflexão sobre a novela autobiográfica e que, seguramente, seja a origem desse gênero na Europa. É um gozo barroco em que aparece a pulsão.

Aparecem também as formas do semblante. Poderia ser feita uma leitura de *El Buscón* a partir da arte das roupas. As descrições das vestimentas que faz Quevedo são incrivelmente ricas, são sempre fantasias, quase ninguém aparece com o que seria sua própria roupa. Esse é o mundo da corte, o mundo do engano, precisamente o mundo do picaresco que define essa posição de semblante. Algo semelhante aparece nas falas. Buscón, em seu caminho pelo mundo, vai encontrando não somente os modos de vestir-se segundo o grupo a que pertence — pois passa praticamente por todos os âmbitos sociais da época —, mas também seus modos de falar. Por exemplo, quando se faz passar por cavaleiro diz: *comecei a falar impetuosamente das corridas de Talavera e de um cavalo cor de porcelana que eu possuía* — porcelana pela cor. *Encarecia-lhe muito o roldanesco que esperava de Córdoba.*

Falar impetuosamente era próprio dos cavaleiros, que falavam alto para fazer-se notar. Era uma vulgaridade mas um símbolo de distinção. Em outra ocasião, quando se faz fanfarrão, quer dizer, jogador de cartas, ganancioso, também aprende a linguagem própria dos fanfarrões. Quando está em Sevilha fala sevilhano: *"Ea!, quite la capa voacé y parezca hombre!"*. *Voacé* significa "por vossa mercê", que era a forma correta de dirigir-se; então, para fazer-se chulo e sevilhano, utiliza esta forma.

Eia, tire você a capa que verá esta noite todos os bons filhos de Sevilha, e para que não o tenham por maricas, desmanche esse cabelo e arqueie as costas — encurvando-as —, *a capa caída (que sempre andamos de capa caída).*

Isto é uma tirada espirituosa. "Ir de capa caída" significa decadência mas também levar a capa caída era próprio dos valentes de Sevilha. Buscón aprende em seguida, em cada uma de suas transformações, as línguas, a gíria dos bandos de delinqüentes, ou como em Sevilha se chama a sua gíria própria, a *jacarandina**. Estuda a *jacarandina* e, em poucos dias, era *rabino de outros rufiões*, quer dizer, o chefe dos rufiões. A passagem pela língua é necessária. Em cada uma dessas personagens que vai ocupando, cortesão, pedinte, maltrapilho, há uma descrição de como se veste com farrapos que é uma verdadeira delícia.

Para encontrar outro exemplo, no momento vou ater-me ao seguinte: no episódio com Don Pablo, Buscón, em Madri, sentado na porta de uma loja está vestido com uma fantasia de cavaleiro, dando a entender que ele era o dono da loja.

Fui-me pelas ruas de Deus, cheguei à porta de Guadalajara e sentei-me em um banco daqueles que os mercadores têm em suas portas. Quis Deus que chegassem à tenda duas daquelas que pedem emprestado por suas caras.

Chamou-me a atenção este ponto pois é o momento em que Buscón se encontra com duas *busconas*, que tinham um dos olhos cobertos (era o costume da época para destacar o olhar), *com sua velha e pajenzinho* — que na edição erudita que estamos comentando significa alcoviteira e garoto de recados. É o mundo dos rufiões, das alcoviteiras, das prostitutas etc. *Essas busconas* — há uma definição também nessa edição de Fernando Cabo, que é a melhor na atualidade, são aquelas que tratam de fazer-se presentear com jóias ou com outras coisas por algum galã incauto — *perguntaram se havia algum veludo extraordinariamente trabalhado*. Tomam-no por dono da loja e perguntam-lhe se tem veludo.

A palavra "veludo" [*tercio pelo*] em castelhano seria, literalmente, "terceiro pêlo", que se refere à forma do tecido que é de trama tripla, ou algo semelhante. O que encontramos aqui não é tanto um *Witz*, mas a receita para criar tiradas espirituosas. Estamos numa dimensão, num certo ponto de "metalinguagem". *Comecei logo, para travar conversa, a jogar com o vocábulo* ... Esta é a expressão para a arte do *Witz* próprio de *El Buscón*, jogar com o vocábulo, que está relacionado, em outro

---

* *Jacarandina*: música que acompanhava as narrativas populares. (N.T.).

lugar, ao que chamam de "pensamentos de parafuso". Um "soldado de parafuso" era um soldado que se reengajava; uma vez acabado o período, reengajava-se nos terços*. Um "pensamento de parafuso" é um pensamento que volta, é um ponto de basta. *Comecei logo, para travar conversa, a jogar com o vocábulo* ... — e dá a lista dos jogos de palavras que podem ser criados a partir da palavra *terciopelo — aqui com o fim de enganar essas busconas* — Elas são por sua vez enganadoras, mas ele consegue enganá-las e tomar-lhes algum dinheiro como penhor. Nesse momento em que se dá o encontro do enganador e da enganadora, todos nesse jogo de enganos, vemos aparecer a fórmula do *Witz*, jogar com o vocábulo. *Terço e pelado, e pêlo, e apelo e postpelo* — são os termos com os quais vai jogando a partir de *terciopelo*. O terço refere-se aos terços de Flandres. Naquele momento, a Espanha estava muito ocupada com a conquista de Ostende que também aparece na novela. Pelado é "pobre", mas a edição erudita precisa que este pelado se refere a estar calvo por causa da sífilis. Apelo é do verbo apelar e *postpelo* é um sinônimo da época de *contrapelo* ["contragosto"]: *E comecei logo, para travar conversa, a jogar com o vocábulo, de terço e pelado, e pêlo e apelo e postpelo, e não deixei osso são à razão***. Esse é o ambiente de que se desfruta em toda a novela de *El Buscón*, que é imortal. É uma série de tiradas espirituosas imortais que ficaram como marca do gozo na língua espanhola.

J.-A. Miller: Comecei a ler o livro em 1961 e nunca o terminei, mas fiquei fascinado desde que o encontrei, quando estudava. Estava na época na cidade de Lyon. Penso que se realmente se faz um comentário do Seminário como se fará, haverá vários estudos em nossas Seções Clínicas que devemos melhorar e corrigir; devem ser introduzidos autores espanhóis e, evidentemente, Quevedo ao lado de Maupassant ou Fénéon. Não há um só objeto descrito por Quevedo que não se ponha a tremer, a esvaziar-se, a dissecar e transformar-se.

Por exemplo, o que ilustra Lacan com Maupassant, como literatura oposta a Quevedo? Ilustra a metonímia realista. Descrever tudo fria e

---

* Terço significa também o antigo corpo de tropas espanholas do século XVI e XVII. (N.T.)

** Tradução literal de uma expressão idiomática que se aproximaria a "e não deixei pedra sobre pedra". (N.T.)

objetivamente, e, como por milagre, o simples fato de descrever as coisas supostamente tal como são, sem lirismo, sem sentido excessivo, produz um certo desvanecimento da realidade, pois tudo conflui na equivalência própria da cadeia significante.

É por isso que, quando Deus quer realmente preservar seu valor, coloca-se como o Deus do qual não se pode falar, pois falar de Deus já é desvalorizá-lo. Falar de Deus como se fala de uma cabra, para tomar a palavra do mestre de Don Pablo, já é um insulto a Deus, pois somente o Deus de quem não se pode falar preserva seu valor. A literatura realista mostra como, ao se comunicar tudo, tudo acaba desvalorizado, pois as coisas se transformam umas nas outras. É o que Lacan evidencia com Maupassant. Traduzir isto nos termos da primeira parte do Seminário seria dizer que essa literatura passa somente pela linha semântica, que se limita a considerar as palavras de todos e as idéias recebidas. Ou seja, que a literatura de Maupassant explora somente a vertente do semantema, e que o jogo de palavras é impensável em sua literatura. Pode citar uma tirada espirituosa de uma personagem, mas o narrador e a narração excluem totalmente os jogos com os significantes. Estou falando da literatura de descrição realista de Maupassant e não das obras limítrofes às quais sua esquizofrenia o levou. De modo geral, exclui totalmente os trocadilhos, os jogos de palavras e é por isso que é uma literatura da metonímia. O mesmo para Fénéon, autor pouco conhecido, que li há anos a partir desse Seminário. Escreveu relatos de três linhas que são notícias, informações nas quais, de certo modo, o que existe não tem nenhum interesse. Contam algo que ocorreu, o puro evento, sem nenhuma atribuição de sentido. É a contingência pura, sem ponto de basta. Ninguém sabe como tratá-lo, os significantes somente se encadeiam.

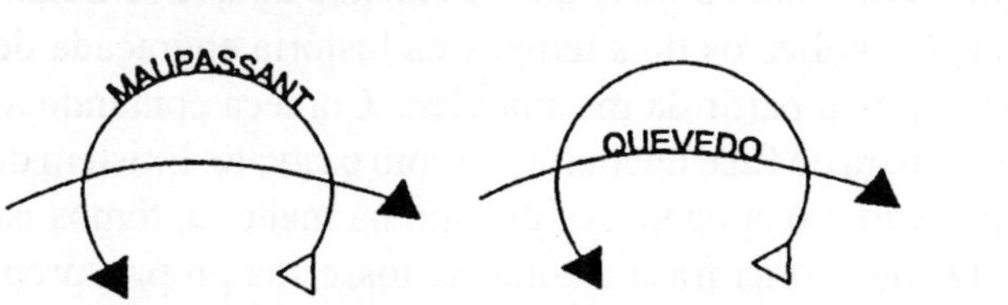

Ao contrário, a literatura de Quevedo insere-se na vertente que Lacan descreveu no primeiro capítulo, a cadeia significante com sua possibilidade de decomposição metonímica e metafórica, com todos os jogos de palavras. No primeiro capítulo, Lacan opõe a vertente do semantema, das idéias recebidas, à vertente da decomposição significante. Quevedo está desse lado, é um incessante jogo de palavras, de condensações e também jogos de palavras metonímicas, que vêm do duplo sentido da palavra ou de homofonias. Sobre essa vertente prossegue sem parar. Seria muito bom trabalhar, por exemplo, a oposição Maupassant/Quevedo, por exemplo. Na França, temos Rabelais, mas com a erudição do século XVI, não sendo realmente uma narração. Não temos na literatura francesa uma narração contínua de jogos de palavras; isso é especificamente espanhol.

Posso dar dois ou três exemplos, talvez mais, para explicar isto aos ouvintes franceses. Temos o exemplo de como descreve seu pai num dado momento: *Saiu da prisão com tanta honra que o acompanharam duzentos cardeais, mas a nenhum chamavam de eminência.* "Cardeais" significa também as marcas violetas deixadas pelos golpes recebidos e é, portanto, um modo de dizer que ele tinha recebido duzentos golpes. Isso repousa sobre a palavra "cardeal" — e, graças a Antoni Vincens, agora conheço a edição crítica que me ajudou muito na leitura que comecei em 1961 e que tentarei terminar antes do ano 2000, pois ali existem muitas notas. É formidável para entender Lacan, pois com isso fica bastante claro que somente quando chegamos ao final da frase é que compreendemos o que significa "cardeais", e por que esses cardeais não eram eminências.

Há outro exemplo, também no capítulo VII, em que o tio paterno de Don Pablo escreve à família: *vosso pai vai para oito dias já com o maior valor com que no mundo morreu um homem; digo-o como quem o pendurou*, pois o tio era cruel e havia enforcado seu próprio irmão. É somente ao final da frase que se entende do que se trata.

Lacan explica os dois tempos da história engraçada de Queneau, por exemplo, a partir da mesma idéia. Começa contando a batalha de Marengo para ao final encontrar-se com o cavalo. Existem dois tempos: a preparação e o apogeu. Aí, de alguma maneira, temos isto em cada frase. O começo da frase é como se fosse sua própria preparação, e o apogeu está na sua segunda parte, o que nos desconcerta continuamente. *Em minha mocidade andava sempre pelas igrejas, e não de puro bom cristão.* Compreende-se que estava sempre nas igrejas para fugir da polícia, já que a polícia não podia entrar, e é somente na segunda frase que se entende a tirada espirituosa. Outro exemplo: *Não levantava os olhos às mulheres, mas sim as saias.* Em francês é difícil de traduzir, o prazer da tirada espirituosa é raro, enquanto que em Quevedo se está imerso nisso — bastaria comentar o primeiro capítulo. É muito curioso, pois podemos dizer que Quevedo recobre o Outro com seus neologismos. Finalmente, cria o Outro do neologismo; longe de ser a exceção, dedica-se francamente à subversão da regra. No fundo, é o que temos em Lacan, que não faz um neologismo mas subverte o conjunto da língua e a substitui pela sua e, de fato e cada vez mais, até o ponto que em seus últimos escritos temos verdadeiramente uma língua particular.

Para dar outro exemplo, há um artigo muito interessante — que Antoni Vicens me deu há alguns dias e que tive o tempo de ler, de Emilio Alarcos Gracía —, onde diz que Quevedo é a paródia idiomática. Por exemplo, da mesma forma que conhecemos a palavra quintessência, Quevedo cria a palavra *quintinfamia,* a quintessência da infâmia produz *quintinfâmia*. Isto se entende melhor em espanhol que em francês. Considero que *La vida del Buscón* é uma leitura lacaniana. Em 1961, quebrava a cabeça com ela e fiquei muito contente em encontrar o Dr. Lacan quatro anos mais tarde, quando me explicou por que eu gostava de *El Buscón*.

A lei não é a regra

Voltando ao fio do novo, na segunda parte temos a reinvenção de Lacan do pai freudiano sob os aspectos do Nome-do-Pai, quer dizer, a partir de um ponto de basta maior da ordem simbólica. Pela primeira vez, pensa o pai desse modo a partir da metáfora, cuja fórmula havia sido enunciada em "De uma questão preliminar a todo tratamento possível da psicose", e volta a pensá-lo na primeira parte desse Seminário, a partir da tirada espirituosa, tomado sob o ângulo da *Psicopatologia da vida cotidiana*. De fato, existem ao menos dois capítulos da primeira parte que confrontam com as considerações de Freud sobre o *Witz* nos primeiros capítulos da *Psicopatologia da vida cotidiana*, especialmente o esquecimento do nome Signorelli. Esse confronto conduz Lacan a ordenar a fórmula da metáfora com maior complexidade, apresentando-a sob a forma que costumamos utilizá-la, isto é, um conjunto de duas frações, quatro termos. Isto é o novo do Seminário, apesar de não ser o novo para nós, já que, ao contrário, é uma das partes mais atravessadas e exploradas do ensino de Lacan. E, sem dúvida, um dos problemas para a orientação da leitura é encontrar o viés de algo novo para nós, aqui e agora.

No fundo, devo fiar-me apenas naquilo que para mim foi novo quando redigi o Seminário: a importância do que Lacan chama de terceiro tempo do Édipo. Ou seja, o tempo em que se institui no sujeito o Ideal do Eu, uma via pela qual Lacan situa a saída do Édipo. Não podemos deixar de pensar que há uma dimensão da experiência analítica, inclusive do fim de análise, que consiste em voltar a colocar o sujeito no eixo constituinte desse terceiro tempo. No Seminário, percebe-se por que viés se justifica ter falado anteriormente do final de análise e do término do Édipo. Isto é o que me orienta e o que me fará seguir somente esse fio na segunda parte. Começarei corrigindo um ponto, aparentemente um detalhe, mas que tem sua importância em relação ao que disse esta manhã. Para colocar em destaque o que no fundo não está desenvolvido no Seminário, o laço entre o *Witz* e o Nome-do-Pai, basta pensar que não existiria a menor tirada espirituosa sem o Nome-do-Pai. Em certo sentido, também o Nome-do-Pai é um *Witz*. Citei a página 156 e volto a reler essa passagem:

Vocês estão vendo que a dimensão do Outro amplia-se um pouquinho aqui. Com efeito, ele já não é unicamente a sede do código, mas intervém como sujeito, ratificando uma mensagem no código e complicando-a. Ou seja, ele já está no nível daquele que constitui a lei como tal ...

Vejo nessa passagem a marca da ligação estabelecida por Lacan entre o Nome-do-Pai e o *Witz*. Mas há uma passagem muito mais explícita, na página 160, penúltimo parágrafo: *O Nome-do-Pai como aquele que é capaz de ratificar a mensagem ...* No entanto, em todo o Seminário, ratificar a mensagem é a expressão empregada por Lacan para qualificar a acolhida do neologismo no código e, ao menos nessa frase, essa função está explicitamente atribuída ao Nome-do-Pai. Quem opera a acolhida do desvio, sem que seu nome seja dito em toda a primeira parte, é o Nome-do-Pai. Essa passagem tem o valor de indicar uma via que não está desenvolvida por Lacan, mas que se encontra no caminho. O Nome-do-Pai é evocado como capaz de ratificar a mensagem. No fundo, talvez seja isto o que o Seminário poderia trazer de novo ao nosso moinho.

Talvez pela homofonia, em francês ao menos,* imaginamos que o pai diz "não" e, de fato, num momento em que é preciso, ele diz "não". A homofonia foi assinalada há muito tempo, já que, se não me engano, escrevendo uma resenha do livro de Jean Laplanche sobre Hölderlin, Michel Foucault intitulou seu artigo na revista *Critique*: "Le non du père" ("O não do pai").

Esse Seminário poderia servir para que percebamos que o pai diz "sim", que o pai lacaniano, ao contrário do que se crê, é o pai que diz "sim". E seu "sim" é muito mais importante, mais promissor que seu "não".

Obviamente, o "não" é necessário já que sem ele não pode existir o "sim". Mas o "sim" é precisamente o que permite o novo, é o amável Nome-do-Pai. O Nome-do-Pai lacaniano é transgressor, é o que estabelece a lei, mas também o que a transgride — e o faz para vocês, pois reconhece os casos particulares. Obviamente que o revestimos com trajes de *grand guignol***, colocamo-lhe máscaras terroríficas como no teatro japonês. Mas como função estrutural e estruturante, sabe transgredir onde é preciso. No fundo, o horror é o automatismo, quando a regra funciona sozinha. A lei comporta a função daqueles que a fazem, e é o que dá à lei sua autonomia — segundo a expressão muito curiosa de Lacan, a "autonomia" da lei, que, sem dúvida, tem ecos kantianos. Isso pode ser entendido como "a lei não obedece à regra", a lei não é um algoritmo que funciona cegamente. Se fosse o caso, não existiria a tirada espirituosa, isto é, se a lei do Outro funcionasse cegamente como o código, como o dicionário estabelecido do computador, não haveria tirada espirituosa — o que nós já demonstramos.

Podemos, legitimamente, elaborar um conceito da lei no que se diferencia da regra e na sua autonomia em relação à regra como algoritmo. Se pensarmos novamente na lei a partir do *Witz* — é o que estou propondo —, veremos que não se trata da lei que serve à justiça, aquela que representamos como cega, com uma venda sobre os olhos, mas da lei que leva em conta o caso particular, que procura estabelecer a diferença entre a bobagem, o horror e a tirada espirituosa.

Quando Heine escreveu *familionário*, não colocou na margem em vermelho: "consultar o dicionário, barbarismo". É uma lei acolhedora.

---

* Homofonia entre *Nom-du-Père*, Nome-do-Pai, e *non*, não. (N.T.)

** *Grand guignol*: teatro de marionetes. (N.T.)

Se pensarmos no Nome-do-Pai a partir do *Witz*, veremos, ao contrário, que ele vai ao encontro do sujeito e de sua invenção. Sobre esse modo de entender o Nome-do-Pai, Lacan havia formulado em outro lugar a idéia de uma política do *Witz*. Com efeito, o *Witz* pode suportar muito ou pouco uma política. Esse ponto de vista se confirma no esquema de que finalmente dispomos, e que não figurava na estenografia. Pude recuperá-lo a partir das notas manuscritas de Paul Lemoine. É o esquema do qual fala Lacan em seu escrito sobre a psicose, quando remete ao andar inferior do grafo do desejo, fornecendo as indicações:

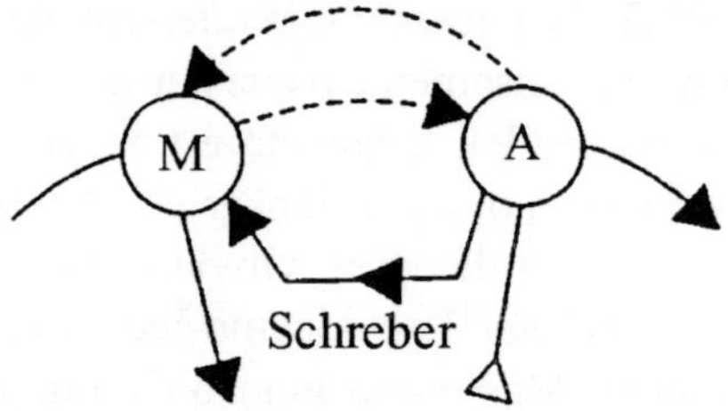

Na página 160 do Seminário, temos este esquema que traduz a foraclusão do Nome-do-Pai. O esquema normal comporta, como vocês sabem, o lugar da mensagem e o lugar do código, este último equivalente ao lugar do Outro — em seguida Lacan irá complicar as propriedades do lugar do Outro, mas é fundamentalmente o mesmo, ao menos inicialmente. Nessas conexões se estabelecem relações importantes de passar pelo código, que é a norma da linguagem, e produzir o desvio da mensagem e voltar a autenticá-la no código — graças à acolhida produzida pelo Nome-do-Pai.

Lacan traduz, neste esquema, a foraclusão do Nome-do-Pai de forma muito clara, através do desaparecimento dessas conexões, resultando num esquema truncado, no qual, precisamente, não há mais *Witz* e onde o código joga sua partida sozinho, tal como as mensagens.

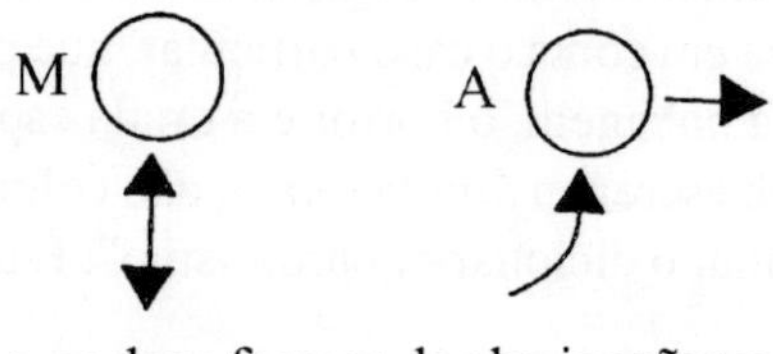

Neste esquema, as duas formas de alucinações verbais de Schreber que Lacan havia apontado no Seminário 3 podem perfeitamente ser ordenadas. Por um lado, produzem-se as alucinações de vozes que ensinam a Schreber o que é o código da língua fundamental — existem alucinações que ensinam como falar a língua que chama *Grundsprache*, "a língua fundamental" — e, por outro lado, existem mensagens que nunca chegam ao fim, mensagens interrompidas e que sempre deixam o sujeito em suspenso.

No fundo, percebemos aí que a hipótese da foraclusão do Nome-do-Pai faz desaparecer as conexões recíprocas, o círculo da autenticação entre código e mensagem, entre o Outro e o significado do Outro. O esquema põe isto em evidência também sugerindo que, no lugar das conexões suprimidas, coloque-se a relação imaginária. Há uma certa substituição das conexões simbólicas pelo curto-circuito imaginário, que serve mais ou menos a Schreber para que ele possa restabelecer uma posição que não deixa de ser delirante, mas que com o tempo consegue mantê-lo em equilíbrio. De qualquer forma, permite-lhe redigir suas preciosas memórias.

A substituição do simbólico pelo imaginário é a fórmula que vocês podem encontrar no primeiro capítulo, quando Lacan quer resumir os resultados do Seminário 3. É uma indicação muito valiosa sobre o uso clínico do grafo do desejo, e os esquemas desse Seminário são realmente fundamentais para seu uso clínico.

Nos últimos capítulos, podem ser encontradas algumas trajetórias que correspondem ao circuito do obsessivo e da histérica. São trajetórias que eu não tinha visto antes de tomar conhecimento das notas de Paul Lemoine, e que nos faltaram quando fizemos nosso estudo sobre a histeria e a obsessão — embora tenhamos conseguido suprir essa falta com o texto de Lacan. No entanto, temos aí alguns esquemas que ainda não exploramos e que nos oferecerão, para o próximo ano, todo um campo de estudo. Parece-me que tudo isso confirma a via segundo a qual é preciso voltar a pensar o Nome-do-Pai a partir do *Witz*.

Um instrumento

O capítulo "A foraclusão do Nome-do-Pai" situa, a partir de diversas fórmulas — algumas das quais eu lhes dou, mas vocês encontrarão outras —, aquilo que dá suporte à lei, o que a promulga, que a funda, que lhe dá alcance. Fórmulas que valem precisamente por serem múltiplas e indicarem o ponto em direção ao qual convergem. A fórmula sem dúvida mais indicativa é quando Lacan enuncia que o Nome-do-Pai é o Outro no Outro. Esta fórmula nos convida a introduzir o matema do Nome-do-Pai, que não figura no Seminário mas que anteriormente já havia aparecido: é o significante do Outro. O Nome-do-Pai é o significante que no Outro designa o Outro e que, portanto, tem um aspecto reflexivo. Mais adiante no Seminário, Lacan fala da auto-sanção. Apresentei-lhes o Nome-do-Pai como acolhendo e sancionando a tirada espirituosa mas, além disso, está a auto-sanção que ele dá a seu próprio discurso. Então, é uma função que pode parecer paradoxal e parece-me ser o ponto de convergência para Lacan. Não deixa de ser uma noção que podemos chamar de russeliana, a partir da referência ao catálogo que se constitui e contém a si mesmo de Bertrand Russell. Ou seja, que responde em termos de conjunto à fórmula "A é elemento de A". No entanto, penso que Lacan tem boas razões para não produzir o matema S(Ⱥ), posto que, a partir desse Seminário, elabora a função: "A não é elemento de A". Isso o conduzirá, em seu esquema de dois andares, a classificar em posição simétrica ao Outro — que se supõe conter sua auto-sanção — o termo S de A barrado, S(Ⱥ). É um matema que não é exatamente igual ao dos *Escritos*.

É bastante claro que Lacan produz esses matemas a partir de uma reflexão formal e que, somente num segundo tempo, propõe suas leituras. A leitura do S(Ⱥ) no Seminário não é igual àquela que fornece, alguns anos mais tarde, em "A subversão do sujeito e a dialética do desejo no inconsciente freudiano". Inclusive, ao longo do Seminário, nota-se que ele mesmo está tentando captar o significado do matema, apesar de ser levado logicamente a inscrevê-lo. É preciso assinalar que, a partir desse Seminário, Lacan não é em absoluto um devoto do Nome-do-Pai.

Fizeram dos lacanianos, e sem dúvida por seus próprios erros, devotos do Nome-do-Pai. Lembro-me sempre das palavras do colega inglês que, ao receber-nos, a mim e a Eric Laurent, na Tavistock Clinic, disse-nos: "São lacanianos, então podem dar uma conferência sobre o pai!". Isso me traumatizou, já que o repito freqüentemente, isso de estar capturado — inclusive antes de ter aberto a boca — no "vocês são os militantes do pai como, sem dúvida, na Tavistok somos os militantes da mãe".

A partir desse Seminário, o único matema que Lacan escreve é S(Ⱥ). Estabelece, ao mesmo tempo, o Nome-do-Pai e aquilo que o coloca em questão. Aí já encontramos o esboço da proposição que Laurent sublinhou: "Podemos ir além do pai sob a condição de nos servir dele." Isso reduz o Nome-do-Pai à condição de um instrumento.

A partir desse Seminário, Lacan não confere em absoluto uma posição ontológica ao Nome-do-Pai, não é um ser, mas um instrumento. Pode-se dizer, recordando os termos que Vicens evocou esta manhã, que o Nome-do-Pai é um semblante, um significante que tem a vantagem de permitir que entendamos algo da relação entre o significante e o significado.

O termo "auto-sanção" está na página 212, no segundo parágrafo, quando Lacan evoca a foraclusão do Nome-do-Pai:

É nisso que se resume a intervenção do discurso paterno quando é abolido desde a origem, quando nunca é integrado na vida do sujeito, aquilo que produz a coerência do discurso, a saber, a auto-sanção mediante a qual, havendo concluído seu discurso, o pai retorna a ele e o sanciona como lei.

A idéia de que o pai primeiro fala e depois diz "isto é a lei" é um pouco esquemática. Inclusive, se o representamos dessa forma, já estaremos indicando o aspecto de semblante dessa auto-sanção. Notemos também a introdução que faz Lacan do Nome-do-Pai pela via do "tu", pela via de uma direção. Precisamente nas páginas 160 e 161, é introduzido como aquele a quem nos dirigimos, a quem podemos evocar. É uma função que, evidentemente, pode ser encarnada, mas à qual nos dirigimos. Não é o Deus mudo, nem o Deus ausente, não é o Deus jansenista que Lucien Goldman nos recompunha há muito tempo, mas o significante que se pode evocar, e quando evocado em vão, podemos situar, como Lacan, o desencadeamento da psicose. É um chamado não realizado. Fundamentalmente, a função do Nome-do-Pai é uma função que se evoca.

A noção de dimensão

Gostaria de destacar a seguinte frase, na página 162, primeiro parágrafo, onde Lacan fala do Nome-do-Pai e do lugar do Outro como uma dimensão que se encarna em pessoas que sustentam a autoridade:

Que essas pessoas faltem, vez por outra, ou que haja carência paterna, por exemplo, no sentido de o pai ser imbecil demais, não é o essencial. O essencial é que o sujeito, seja por que lado for, tenha adquirido a dimensão do Nome-do-Pai.

Se pudesse, retomaria a extraordinária argumentação de Lacan sobre a carência paterna, inspirada numa obra publicada naquela época e à qual se refere nos *Escritos*, mas vocês podem encontrar isso no capítulo sobre a metáfora paterna.

No segundo ponto, *variedades da carência paterna*, demonstra, detalhadamente, as contradições daqueles que confundem a dimensão do Nome-do-Pai com a presença ou não de uma pessoa e a idoneidade de sua conduta. O que ressalto é essa noção de uma dimensão do Nome-do-Pai: o que conta não é a pessoa mas a dimensão, ter ou não a dimensão do Nome-do-Pai. O termo "dimensão" pode parecer vago, porém temos nesse Seminário material suficiente para precisá-lo, para utilizar melhor as indicações que estão nos *Escritos* — numa passagem bastante gongórica, se assim posso dizer, e que acaba se afastando da construção — mas que, no Seminário, aparece mais despida e mais utilizável.

Com efeito, existem elementos de uma teoria da dimensão — termo que voltará no último Lacan —, em que as formas do neologismo, a *dit-mansion*, a mansão do dito, designa um nível da enunciação. Temos nos *Escritos* — nas páginas 554-555, quando Lacan evoca a dimensão da Outra coisa — a presença da dimensão da Outra coisa na vida humana. Dá como exemplos o desejo, o tédio, a reclusão, a revolta, a prece, a vigília e o pânico, mas no meio de um gracejo sobre os pensadores e o pensamento, que o afasta um pouco do tema. Já no Seminário, entendemos melhor do que se trata quando lemos as páginas 182 a 184. Ao menos para mim, este tema ficou mais claro quando redigi essas páginas preciosas.

Tomemos a página 182, quarta parte do capítulo "A metáfora paterna", onde diz que ... *se existe uma coisa realmente surpreendente, é não se haver descoberto o inconsciente mais cedo* ... Esse é um ponto de vista muito diferente daquele que Lacan sustentava quando dizia que, para que houvesse psicanálise, foram necessários o Renascimento, o nascimento do discurso da ciência, as Luzes, o romantismo, a felicidade no crime, para que ela finalmente surgisse. Lacan sempre marcou uma série de condições para justificar por que a psicanálise não poderia nascer em outro momento, senão ao final do século XIX, quando existia tanto o cientificismo como sua rejeição. Era preciso também que fosse justamente em Viena, pois era a capital do Império Austro-Húngaro, onde se viam as diferentes formas familiares do império em decadência e, conseqüentemente, onde se buscava um Nome-do-Pai sustentável. Assim, a dedução da psicanálise resulta mais familiar, e parecia que o Dr. Lacan sabia, desde sempre, que o pequeno Sigmund Freud daria à luz a psicanálise ao final do século XIX, em Viena.

Nesse Seminário, não é absolutamente disso que se trata. Lacan assume outra perspectiva: "Como pode ser que ninguém tenha percebido que toda a vida está imersa no inconsciente, que toda a vida humana está estruturada a partir da Outra coisa?" — é o que Lacan está dizendo. Certamente, foi necessário que o saber estivesse no interior para que esse lugar fosse concebido. É um pouco superficial esse "no interior" que, de fato, não está nos *Escritos*, mas que possibilita entender muito bem a questão. Precisamente, percebemos que o inconsciente está no exterior justamente por Freud tê-lo situado no interior. Tal como diz Lacan nos *Escritos*, de modo mais refinado, Freud fez a união conceitual. Ninguém havia pensado nessa Outra cena, nesse mais-além, nesse lugar presente mas inacessível para todos. Freud fez com que percebessem que nos lapsos, nos sonhos, inclusive nas tiradas espirituosas, a Outra coisa estava presente e ativa. Esse ponto de vista magnífico, essa Outra coisa, a Outra cena está em todos os lugares. Inclusive é dito por Lacan explicitamente, quando assinala a passagem do escrito de Freud sobre Schreber — que nos remete ao *Zaratustra* de Nietzsche e ao canto "Antes do amanhecer" —, na página 182: *Esse é justamente o tipo de notas rápidas que nos revela a que ponto Freud vivia nessa Outra coisa*. Isso é muito belo e também muito inquietante, pois em seguida nos perguntamos: "e eu, também vivo nessa Outra coisa?".

Com efeito, podemos recuperar anotações fenomenológicas e, inclusive, para fenomenólogos. Lacan fez isso ao evocar, acho que no Seminário 3, o momento da *paz do entardecer* e sua densidade especial, quando o dia começa a desvanecer-se e as coisas do mundo a mostrar seu cansaço. Não me refiro, obviamente, às máquinas. Hoje em dia já não temos mais a paz do entardecer; é preciso ir muito longe para encontrá-la, quando temos então o cansaço de ter ido tão longe! É preciso ir ao Tibet, mas chegamos esgotados. O Tibet é muito perigoso, é possível asfixiar-se, não devido à contaminação, mas pela altitude. Bem, deixemos de lado a paz do entardecer. Lacan era sensível a essas anotações fenomenológicas, sublinhava os momentos da existência onde sempre se impõe a noção de Outra coisa. Nos *Escritos*, ressalta que é uma simples nostalgia, onde já está a Outra coisa do inconsciente.

Existe a Outra coisa do desejo, que todas as histórias do *Witz* põem em destaque. Demanda-se algo mas, na realidade, o desejo é de outra coisa, e quando é dado aquilo que se pede, continua-se em falta daquilo que ainda se deseja. Nessa defasagem está o inconsciente. Lacan faz também do tédio uma dimensão do inconsciente, com seu chamado eventualmente estúpido a um "poderia fazer Outra coisa" e, portanto, a distância tomada com a inércia do que existe. A insônia e o despertar, no fundo, respondem à pergunta: "o que estamos esperando? Quando temos insônia, eventualmente com ansiedade, não esperamos o estúpido sol, apesar da liberdade que Hume permite, de não ter a obrigação de aparecer mais uma vez, já que a indução não permite fazer disso uma necessidade. Mas a cada manhã, o sol decide aparecer, pelo menos em nossas regiões. É muito mais inquietante quando se nasce numa região onde o sol não aparece pela manhã. No fundo, Lacan destaca que não é somente o sol que esperamos, mas também o que o dia promete, esperamos o bom encontro, ou então o encontro que supomos que será ruim. E a partir desse momento, há uma dimensão do inconsciente pois, além disso, não sabemos o que o dia nos reserva.

Por que a reclusão é a Outra coisa? Nós nos retiramos com uma manta bem quentinha e com a porta fechada pois, precisamente, a ameaça, a intrusão da Outra coisa está em todos os lugares. Tal como diz Lacan, quando o homem chega a um lugar, procura logo onde pode se fechar. No Seminário sugere que, inclusive, no meio do deserto, o homem colocará duas portas para provocar correntes de ar. Deixemos aquilo que, no fundo, reveste a Outra coisa com uma certa figura imaginária, e também deixemos o pânico que se distingue do medo. O medo está mais próximo da reclusão, ao passo que o pânico é a abertura do muro à invasão da Outra coisa. Ela está em todo os lugares, inclusive eu poderia começar a ter medo aqui — em princípio não há nenhuma razão para isso, mas todos estes olhares de tantas pessoas poderiam evocar a *Lição de anatomia* de Rembrandt. Nesse caso, eu seria o anatomizado. Mas não há nenhuma razão para que tenha medo frente a um público tão amistoso, já que há alguns dias estive muito à vontade diante de um público que não o era tanto assim.

O terceiro tempo do Édipo

Vou tratar agora do terceiro tempo do Édipo e, mais uma vez, como factor. É muito surpreendente se dar conta de que, entre a primeira e a segunda parte do Seminário, Lacan escreveu "De uma questão preliminar a todo tratamento possível da psicose". É preciso dizer que aquele foi para Lacan o *annus mirabilis*, um ano como não houve outro igual. Ou seja, no mesmo ano em que fez seu Seminário com esse esquema novo, utilizou suas férias de Natal para escrever "De uma questão preliminar...", comentando-o em seguida, e durante as férias de fevereiro, escreveu "Juventude de Gide ou a letra e o desejo", sobre o qual também voltou a falar no Seminário. Logo depois, preparou sua conferência sobre "A significação do falo" para o dia 9 de maio de 1958, em Munique. A terceira parte do Seminário é, inclusive, a preparação da "Significação do falo" e, no ímpeto, começou a preparar a redação de "A direção do tratamento e os princípios de seu poder". A quarta parte é a elaboração deste escrito, que fez para o Congresso em julho do mesmo ano.

Não sei se vocês percebem a atividade intelectual que tudo isso supõe! Tudo isso poderia levar uma vida! É a produção, num único ano, de todas as bases doutrinárias do que chamamos "o lacanismo", produzidas naquele ano. E agora nos encontramos, anos depois, tentando decifrar essa prodigiosa produção que abalou a psicanálise. Levou tempo para reconhecê-lo! Mas acabou sendo o centro do debate e o incrível é que o continue sendo pois, além disso, permitia-se mudar de opinião a cada semana. Na segunda parte elabora o falo como significado na metáfora paterna e, além disso, está preparando sua conferência sobre "A significação do falo". Suponho que tenha dado este título quando ainda considerava que o falo era um significado mas, durante sua preparação, o falo pendeu para o lado do significante.

Nesse Seminário, podemos acompanhar, semana após semana, sua reflexão e a lógica que o leva a mudar o ângulo do objeto fálico. Escreve então "De uma questão preliminar...", onde elabora a forma definitiva do esquema R, obrigando seus ouvintes — que acabavam de abordar o grande grafo, que ocupou gerações inteiras, ainda um pouco aturdidas — a entender um novo esquema que tem sua própria complexidade. De fato, como seus ouvintes encontravam dificuldades para entender o grande grafo, pediram-lhe uma pequena aula particular e, aí também, foi Paul Lemoine quem conservou as notas manuscritas da aula do dia 31 de janeiro de 1958. Finalmente decidi acrescentá-las em Anexo, na página 526, apesar de estar num outro nível de precisão que a estenografia.

Na segunda parte, Lacan introduz seus ouvintes no texto que elaborou durante as férias de Natal e complica as coisas introduzindo também o esquema R, tentando dar-lhes as referências sobre o grande grafo. São esquemas que não preservou em seus *Escritos*, não são definitivos e mostram como a representação esquemática antecedeu a significação que veio a fixar sobre eles. Fica claro que Lacan dispôs da forma do grafo antes de decidir o uso que dele faria. Nesse Seminário, utiliza-o de modos diferentes e também veremos usos muito distintos de suas fórmulas. É uma lição de liberdade, que nada tem a ver com o caráter dogmático; ao contrário, dá a entender que isso é submeter-se à disciplina da combinatória. Com efeito, quando damos determinado sentido a um termo, não podemos dar qualquer sentido a outro termo, mas deles podemos fazer vários usos. A título de exercício conceitual e, precisamente, para não dogmatizar a perspectiva de Lacan, esse Seminário é muito útil. A propósito da psicose, utiliza o grafo, na página 160, para situar "De uma questão preliminar...", e volta a utilizá-lo na página 198, onde inscreve a relação mãe/criança/falo e volta a fazê-lo, de um modo muito engraçado, na página 209.

Destaquei também, embora seguindo as indicações de Lacan, a noção dos três tempos do Édipo, inclusive fiz dois capítulos com eles. Há um elemento de novidade para nós em apresentar o Édipo em três tempos, e assim o fiz a partir de uma indicação na página 204, segundo parágrafo: *O esquema que apresentei da última vez assemelha-se ao que tentei fazê-los entender sob o título de três tempos do complexo de Édipo.* Apesar de Lacan não dar título às suas conferências, guiei-me pela ênfase que ele mesmo deu quando intitulei os capítulos X e XI: "Os três tempos do Édipo". Na página 210, último parágrafo antes da segunda parte, indica:

Se lhes fiz da última vez um rápido esboço dos três tempos do Édipo, foi para não ter de recomeçá-lo hoje, ou, mais exatamente, para dispor de todo o tempo para retomá-lo passo a passo.

São correções da enunciação oral, e ele retoma pela segunda vez os três tempos. É uma espécie de psicogênese lacaniana e Lacan não tem muito claro que estatuto lhe poderia dar. É o que indica na página 205:

Nos esquemas que proponho a vocês e que são extraídos do sumo da experiência, procuro produzir tempos. Eles não são, forçosamente, tempos cronológicos, mas isso não vem ao caso, já que também os tempos lógicos só podem desenrolar-se numa certa sucessão.

O mínimo que podemos dizer é que isso deixa o estatuto exato desses três tempos numa certa suspensão. Lacan resolveu o problema com a forma definitiva que deu a essa construção em "Subversão do sujeito e dialética do desejo", construindo seu grafo também em três tempos.

É como se tivéssemos encontrado em Lacan uma teoria do desenvolvimento estruturada. Ao mesmo tempo que isso é conhecido, tenho o sentimento de que até hoje não localizamos verdadeiramente os três tempos tal como Lacan o faz ali. Retoma-os duas ou três vezes nesses dois capítulos.

O primeiro tempo é a identificação especular do sujeito com o objeto do desejo da mãe, quer dizer, com o falo imaginário. A identificação fálica na relação com a mãe é considerada por Lacan como o primeiro tempo normal, básico. Evidentemente, é do que o sujeito terá que se desfazer. Nesse Seminário, podem ver a grande simpatia que Lacan tem por essa etapa, já que no fundo, o sujeito tem o que quer. E contrariamente ao que imaginamos, o Dr. Lacan é favorável a isso, a que se obtenha a satisfação que se possa ter. Não fala, em absoluto, da identificação ao falo materno em termos pejorativos, diz inclusive que é bastante enriquecedor. No entanto, fala de uma maneira muito menos simpática do segundo momento, quando chega o pai que interdita, que priva a mãe, dizendo: "acabou". Considera-o um pouco seco. Vou citar as passagens onde poderão comprovar que não estou exagerando, em absoluto. Obviamente, é preciso passar por esse segundo tempo, mas não é rico em potencialidades. Toda sua simpatia aponta o terceiro tempo, o momento no qual se pode ter o que se quer, não de forma imediata, mas onde se promete sua obtenção.

De alguma maneira, o segundo tempo obteve a simpatia de todos os comentadores, mas não a de Lacan, e é surpreendente que todos eles tenham adorado o pai lacaniano, o pai poderoso, aquele que castra a mãe, dizendo: "acabou". É nesse estágio que terminam as análises do complexo de Édipo, numa época em que se pensava que todos os estragos do complexo derivavam da onipotência do pai. Pensava-se somente no segundo tempo, sem se destacar que a castração de que se trata nesse momento é a privação na mãe e não na criança. Isso mereceria ser comentado. O terceiro tempo é o contrário do pai que priva, é o pai que tem e dá, que põe à prova sua potência. É o tempo em que as relações da mãe com o pai, como diz Lacan, voltam a passar ao plano do real. Isso vai muito longe. Há um momento no qual Lacan diz: "bem, o falo é simbólico, mas precisamos de algo consistente", se é que posso dizer assim. O falo não é somente simbólico porque senão não poderíamos fazer muita coisa. Portanto, a esse retorno no real, atribui-lhe um estatuto muito preciso e não se detém, em absoluto, nas ficções do simbólico.

No primeiro tempo, tudo acontece entre a criança, a mãe e o falo imaginário. O pai está, mas com uma presença velada e implícita, já que está aqui na sociedade, no conjunto humano, mas não intervém nessa ficção cronológica. No segundo tempo, o pai intervém como privador, é o pai que diz "não", que intervém através da fala da mãe, sobretudo como fala do pai com um estatuto simbólico. O pai que interessa a Lacan é o terceiro, o pai que tem e dá, e que promete em relação ao futuro.

1º: E – M – φ // P // (presença velada)
2º: Pai que priva, que diz "não"
3º: Pai que tem e promete.

O terceiro é o tempo fecundo. Na página 210, diz:

Essa segunda etapa é um pouco menos feita de potencialidades do que a primeira — se vocês querem a etapa rica, aqui é a primeira, a que permite o desenvolvimento. *É sensível, perceptível, mas essencialmente instantânea, por assim dizer, ou, pelo menos, transitória. Nem por isso é menos capital, pois é ela, afinal de contas, que constitui o âmago do que podemos chamar de momento privativo do complexo de Édipo.*

Não diz que seja o âmago do complexo de Édipo, mas "o âmago do momento privativo do Édipo", e dou todo o valor a essa pequena nuance. Com efeito, é o âmago da privação. A criança é desalojada, para seu bem, da posição ideal na qual ela e a mãe poderiam satisfazer-se e, graças a isso, o terceiro tempo, fecundo, se estabelece. No fundo, isto é o positivo do Seminário, já que o novo, o que realmente permite prosseguir, não é o "não", que está ali somente como condição necessária para a instauração do terceiro tempo.

Nela, com efeito, a criança torna-se outra coisa, pois essa etapa comporta a identificação com o pai de que lhes falei da última vez, e o título de propriedade virtual que o pai tem.

Distingue essa identificação da posição feminina, na página 202, dizendo:

Também saliento que o desfecho do complexo de Édipo, como todos sabem, é diferente na mulher. Para ela, com efeito, essa terceira etapa ... é muito mais simples. Ela não tem de fazer essa identificação nem guardar esse título de direito à virilidade. Ela, a mulher, sabe onde ele [o falo] *está, sabe onde deve ir buscá-lo, o que é do lado do pai, e vai em direção àquele que o tem.*

Lacan distingue totalmente o terceiro tempo do Édipo feminino da maternidade. Não o situa em absoluto através da maternidade, mas através da verdadeira mulher, aquela que sabe onde é preciso buscá-lo. É por isso que ali fala em termos de dimensão:

Isso também indica por que uma feminilidade, uma feminilidade verdadeira, tem sempre o toque de uma dimensão de álibi. Nas verdadeiras mulheres há sempre algo meio extraviado.

Não vou desenvolver agora este ponto delicado, já que de certo modo Lacan mostra que essa desorientação deve-se justamente ao fato de que as mulheres não estão em absoluto desorientadas, ou seja, que elas sabem onde ir buscá-lo. E é justamente por que há essa desorientação bastante determinada que se produz, por outro lado, o aspecto de extravio. Encontraremos isso, alguns anos mais tarde, em *Televisão*: *as mulheres são loucas ..., isto é, não loucas-de-todo.** É a mesma aproximação da questão. De fato, podemos encontrar tudo isso na página 203:

É nessa medida que o terceiro tempo do complexo de Édipo pode ser transposto, isto é, a etapa da identificação, na qual se trata de o menino se identificar com o pai possuidor do pênis, e de a menina reconhecer o homem como aquele que o possui.

Esse é o terceiro tempo lacaniano. Lacan tenta depois localizar essas três etapas em seu grafo. É bastante divertido ver como começa por baixo e remonta a seus termos, um ponto por vez, para dar conta dessa configuração.

Não é, absolutamente, sobre o "não" que coloca um destaque, mas ao contrário, sobre o momento do *licet*, do "é permitido", como no título de sua revista, *Scilicet*, "é permitido saber". Ali é uma espécie de *licet haberet*, "é permitido ter". E já que estamos falando disso, todos conhecem essa expressão latina popularizada pelos anglosaxões, *habeas corpus*; ali seria um *habeas falus*. É o que brilha nesse Seminário, apesar de suas lições serem um pouco menos alegres que as primeiras. O conceito fundamental é a permissão, não a interdição, é a permissão em boas condições. Está longe do idealismo quando, no meio da página 213, diz:

Em outras palavras, o falo, no nível da mãe, não é unicamente um objeto imaginário, mas é também, perfeitamente, uma coisa que cumpre sua função no nível instintivo, como instrumento normal do instinto. É o "injeto", se assim posso me exprimir — com uma palavra que não quer simplesmente dizer que ela o introduz em si, mas que ele lhe é introduzido.

Ao lado do *injeto*, que dizer, do objeto injetado, introduzido, Lacan distingue o *adjeto*, o falo imaginário do qual a mulher está privada. O importante não são os termos que Lacan utiliza, mas a diferença que estabelece entre eles. O falo imaginário do qual a mulher estaria privada é, precisamente, muito diferente do falo que poderia ter. É o *adjeto* o que lhe impede ter acesso ao *injeto*.

---

* *Televisão*. Rio de Janeiro, Jorge Zahar, 1993, p.70.

A homossexualidade masculina

Vou prosseguir um pouco mais para concluir o movimento do meu comentário, convidando-os à página 214, a partir da qual encontrarão algumas indicações sobre a homossexualidade. Lacan situa o acidente homossexual no segundo tempo do Édipo. A homossexualidade masculina aparece relacionada a uma disfunção do segundo tempo, no qual, por falta do pai, não se realiza a separação da criança e da mãe, a dissolução da captura imaginária do falo como objeto do desejo da mãe.

Como segunda anotação, Lacan indica no último parágrafo da página 214 (mas sem desenvolvê-lo verdadeiramente) que as relações do homossexual masculino *com o objeto feminino, muito longe de serem abolidas, são, ao contrário, profundamente estruturadas.* Creio ser útil para a leitura levar em conta que essas páginas sobre a homossexualidade masculina devem ser diretamente relacionadas aos desenvolvimentos que faz, dois capítulos adiante, sobre André Gide. De fato, encontramos ali, nas páginas 267 a 272, a chave, a explicação da frase segundo a qual as relações do homossexual *com o objeto feminino ... são ... profundamente estruturadas.*

Lacan precisa qual a disfunção do segundo tempo do Édipo que é preciso relacionar com a emergência da homossexualidade masculina, sabendo que as relações de causalidade devem ser sempre tratadas com muita prudência. A disfunção é essencialmente a inversão da metáfora paterna. Tal como se expressa Lacan, a mãe dita a lei ao pai. Quer dizer, no momento decisivo em que o pai teria de intervir como privador, nessa cronologia lógica e nesse tempo transitório, sua operação de privação fracassa. E portanto, a conclusão do segundo tempo, em lugar da privação da mãe, tem como resultado: "é mamãe quem o tem".

Lacan localiza no mesmo registro a conjectura de que o pai queira excessivamente a mãe, sem estabelecer uma relação de causalidade simples, marcando que, obviamente, nem todos os casos nos quais o pai quer excessivamente a mãe produzem uma homossexualidade masculina; no entanto, relaciona esses dois fatos. Na página 216, segundo parágrafo, diz: *Em particular, nos casos em que o pai ama excessivamente a mãe, nos quais parece, por seu amor, ser demasiadamente dependente dela, o resultado é exatamente o mesmo.* Temos aí a indicação que, indiretamente, fornece uma precisão sobre a imagem do pai para Lacan, imagem que, como função, tem uma posição de autonomia. De fato, foi o que ele sempre assinalou a propósito do Nome-do-Pai: a auto-sanção, a autonomia, a independência, inclusive em relação à regra escrita.

A partir disso, evidencia-se, em primeiro lugar, a identificação com a mãe no sujeito homossexual, com aquela que tem, é potente, não se deixa fragilizar, é uma mulher que exibe sua resistência e, por essa vertente, realiza-se a identificação da criança com a mãe.

Em segundo lugar, Lacan também deduz disso a exigência de que o parceiro — palavra que emprega e que deve ser entendida como o parceiro-sintoma do homossexual — mostre o que tem, que tem "com o quê". Precisamente, pois o pai do homossexual — por permitir-se ditar a lei, ou bem por ser excessivamente dependente do amor da mãe — está sob suspeita de não ter "com o quê".

Em terceiro lugar, deduz que, se existe temor do órgão feminino, é essencialmente como devorador do falo. Aí está o desenvolvimento sobre a homossexualidade, e agora é preciso ir às páginas sobre Gide.

Antes quero dar a palavra a Antoni Vicens, que queria fazer uma observação que de fato se impõe, visto o lugar onde estamos, em Barcelona.

A. Vicens: O ano de 1958 foi admirável para Lacan por muitas razões; também o foi para Barcelona, posto que, no meio de todo esse trabalho, arranjou tempo de estar aqui.

J.-A. Miller: Ou seja, além de tudo, veio a Barcelona. Exatamente em que data?

A. Vicens: Em setembro de 1958. O texto de sua exposição, apresentado num congresso de psicoterapia, intitula-se: "A psicanálise verdadeira e falsa".

J.-A. Miller: Sim, é o texto "La psychanalyse vraie et la fausse", que também escreveu nesse mesmo ano.

A. Vicens: Data do mês de junho/julho e as últimas frases da última lição desse Seminário guardam ecos do texto de Lacan. Existem frases quase idênticas, nessa referência ao *Wo Es war soll ich werden*, ao "tu és isso" e à autenticidade do sujeito. Há que se dizer que o título "A psicanálise verdadeira e falsa" é também um pouco quevedesco.

J.-A. Miller: Em todo caso, agradeço-lhe essa lembrança, é verdadeiramente bem-vinda. Lacan encontrou tempo durante seu ano admirável para vir a Barcelona e no mês de junho encontrou tempo para escrever ainda outro texto. Seguramente numa reedição terei de esclarecer tudo isso ao final, numa nota. Obrigado.

Isso teria sido mais um Seminário se tivesse tido o gosto de pedir a alguns de vocês outras considerações, o que pude fazer somente nesse caso. Isso não impede que dediquemos algum tempo às perguntas, objeções, contribuições improvisadas. No entanto, antes de passar às pequenas seqüências de intercâmbios, gostaria de ir até Gide.

A perversão de André Gide

Vou escrever no quadro, diante desse público informado e portanto sem dar muitas explicações, o esquema R, pois permite situar a terceira etapa do Édipo. Com efeito, tal como está apresentado no Seminário, esse esquema reproduz o ternário mãe-pai-criança, com o quarto termo, o falo, e acrescenta as indicações da região do imaginário.

Lacan acrescenta os termos correlativos do imaginário, que conheceram diferentes denominações: a, a', i(a), m. Aí temos m-i, em relação ao M da mãe e ao termo que Lacan substitui a criança, a saber o I de Ideal do eu. Claro que isso só tem sentido para os que já o estudaram, peço que os demais me desculpem, terão de ler essas páginas no Seminário.

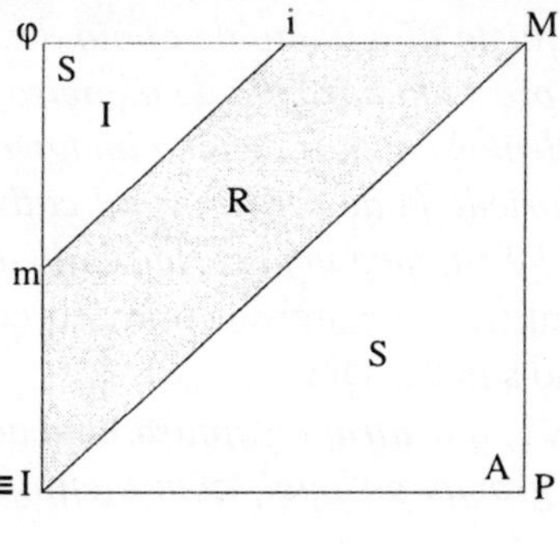

O vetor sobre o qual chamo a atenção, onde se desenvolve essa cronologia do Édipo, é o vetor: m—I. Por outro lado, temos o que ocorre no vetor i—M. Podemos dizer que essas duas partes do esquema são correlativas, assim são apresentadas nos *Escritos*. As diferentes figuras imaginárias situam-se em relação à mãe e às diferentes identificações propriamente significantes, que evoluem até se cristalizarem na identificação paterna com o Ideal do eu, sob o olhar do e em relação ao pai. Sobre esse ponto, o Seminário é muito mais explícito do que o texto sobre as psicoses — o que percebi após tê-lo redigido —, pelo paralelo que Lacan estabelece entre o eu, a identificação egóica e a identificação com o Ideal do eu. Explica, nesse Seminário, o caminho que vai desde a identificação primeira até a identificação final com o Ideal do eu, quer dizer, o que parte desde a *Urbild* do eu, a imagem originária, até o Ideal do eu. Apesar de essa linha ser muito pequena no esquema, resume escanções muito importantes da vida do sujeito. É na página 234 onde isso está mais claro. Creio que não foi dada a esse ponto toda a atenção que merecia, refiro-me ao peso, à dimensão da *Urbild*, da imagem originária do eu.

O que acontece no nível do estádio do espelho? — pergunta Lacan na página 233 e, no fundo, nos dá um resumo surpreendente do estádio do espelho, não em termos de relações lábeis ou resvaladiças entre o eu e o outro, absolutamente, mas o descreve como o que permite a cristalização essencial do eu.

O que acontece no nível do estádio do espelho? O estádio do espelho é o encontro do sujeito com aquilo que é propriamente uma realidade e, ao mesmo tempo, não o é, ou seja, com uma imagem virtual, que desempenha um papel decisivo numa certa cristalização do sujeito à qual dou o nome de sua Urbild.

Lacan fala de forma muito positiva da *Urbild* originária do eu.

A criança conquista aí o ponto de apoio dessa coisa no limite da realidade, que se apresenta para ela de maneira perceptiva, mas que, por outro lado, podemos chamar de uma imagem, no sentido de que a imagem tem a propriedade de ser um sinal cativante que se isola na realidade, que atrai e captura uma certa libido do sujeito ...

Descreve a identificação narcísica primária como indispensável no desenvolvimento do sujeito. Diz:

... uma imagem ... que atrai e captura uma certa libido do sujeito, um certo instinto, graças ao qual, com efeito, um certo número de

referências, de pontos psicanalíticos no mundo — expressão muito bonita, "pontos psicanalíticos no mundo", pareceu-me que soava muito justa e que, portanto, não era um erro de transcrição —, *permitem ao ser vivo ir organizando mais ou menos suas condutas.*

No ser humano, no final das contas, parece que esse é o único ponto que subsiste.

E diz no final desse mesmo parágrafo:

O privilégio dessa experiência — portanto, o estádio do espelho está aí tomado em sua vertente positiva — *está em oferecer ao sujeito uma realidade virtual, irrealizada, captada como tal, a ser conquistada. Qualquer possibilidade de que a realidade humana se construa passa literalmente por aí.*

Assistimos nessa frase ao entusiasmo do orador. A expressão *realidade humana* era a maneira de traduzir o *Dasein* heideggeriano nos anos 50; de fato, não é a melhor, mas no fundo tudo o que acontece sobre esse pequeno vetor, está marcado para Lacan como o apogeu do progresso e da cultura. A *Urbild* do eu até o Ideal do eu é o caminho da construção da realidade para o sujeito, ao passo que, do outro lado, onde há muito mais equívocos, estão as figuras do outro imaginário, que são ilusórias e enganosas. Na página 234, temos uma definição mais precisa dessa *Urbild*:

A Urbild *do eu é essa primeira conquista ou domínio do eu que a criança realiza em sua experiência, a partir do momento em que desdobra o pólo real em relação ao qual tem de se situar.*

Lacan situa seu interesse no campo da realidade R. Diz sobre a *Urbild* que:

Essa Urbild *faz entrar no trapézio m-i-M-C* — ainda não substituiu C por I —, *na medida em que a criança se identifica por elementos multiplicados de significantes na realidade. Através de todas as suas identificações sucessivas no segmento m-C, a própria criança assume o papel de uma série de significantes, leia-se aqui, de hieróglifos, tipos, formas e representações que pontuam sua realidade com um certo números de referências, para fazer dela uma realidade recheada de significantes.*

O que constitui o limite da série é, em C, a formação a que se chama Ideal do eu. É com isso que o sujeito se identifica ao ir em direção ao simbólico. Ele parte do referenciamento imaginário ... para enveredar por uma série de identificações significantes cuja direção é definida como oposta ao imaginário, e que o utilizam como significante.

Então, temos o positivo na construção que se situa entre m-I, que nos introduz ao eu, sem dúvida edificado a partir de uma imagem, mas tomado como significante. Na página 227 diz: ... *seu eu é suscetível não apenas de se reconhecer, mas também, em se havendo reconhecido, de se tornar, ele mesmo, um elemento significante* ... É uma expressão muito forte!

É verdadeiramente o ponto em que Lacan entende que o eu não é simplesmente um elemento imaginário, mas está inscrito no registro simbólico. Evidentemente, não é uma construção que Lacan manterá tal qual, mas podemos dizer que todo o Seminário encontra-se atado nesse movimento de fazer passar o imaginário ao simbólico. É o grande movimento de todo o Seminário; muitos elementos que anteriormente Lacan havia introduzido como imaginários, passa-os ao simbólico, em particular o desejo que estava até então definido essencialmente por capturas imaginárias. Nesse Seminário, o desejo transforma-se numa metonímia da cadeia significante, encontrando uma definição no simbólico, a tal ponto que intitulei esse capítulo da seguinte forma: "Da imagem ao significante". Aí observamos essa grande báscula de diferentes elementos em direção à simbolização. Nesse capítulo, Lacan utiliza o mesmo estádio do espelho para mostrar que alguns de seus elementos dirigem-se ao simbólico. De modo geral, tínhamos o par a—a', mas ali ele apresenta uma dissimetria, já que ali estão as figuras do outro imaginário, mas também aquilo que olha do lado do sujeito e, inclusive, o eu é um elemento significante.

Há uma exigência lógica em sua construção. Primeiro, isso nos explica por que Lacan substitui a letra C (de criança) por I, Ideal do eu. No fundo, o novo se dá sobre esse pequeno vetor, onde se produzem as sucessivas cristalizações identificatórias, quer dizer, os saltos que aqueles que observam a criança traduzem por expressões tais como: "já não é mais como antes". É sobre esse vetor que se situam os pontos de basta do desenvolvimento infantil, se assim posso dizê-lo, ou melhor, infantil e adolescente, pois a formação do Ideal do eu se consolida bem mais tarde no desenvolvimento. Por exemplo, no caso Gide, Lacan considera, nesse Seminário, que seu Ideal do eu não se fixou antes dos 13 ou 14 anos; inclusive, no texto dos *Escritos*, de forma desenvolvida, posterga esse momento até os seus 20 anos, pelos quais precisa passar para estabelecer de uma vez por todas seu Ideal do eu.

Sobre esse vetor, situa-se tudo o que não está preso na repetição do primordial. Lacan tenta situar os novos encontros e, no fundo, no caso Gide, admite que o encontro com sua tia e, em seguida, com sua prima, quando tem 13 anos, são encontros contingentes mas que desempenham um papel de fixação na constituição de seu Ideal do eu.

Assim, temos uma região na qual não se trata apenas da repetição da experiência primordial, mas onde algumas experiências posteriores, mais tardias, contribuem para que se estabeleçam algumas fixações muito profundas e eventualmente definitivas. São pontuações que têm todo seu interesse no tratamento da criança e, obviamente, também no do adolescente.

Gosto muito das frases em que Lacan indica esse movimento de conquista, por exemplo, ao final da página 234:

E como esse trajeto, que parte da Urbild *especular do eu, em* m, *vai permitir que a criança se conquiste, se identifique, progrida? Como podemos defini-lo? De que se constitui ele?*

E em seguida, vem a resposta que tenta dar mas que, no fundo, é a dimensão de abertura da experiência que contrasta com o registro repetitivo do mesmo.

Obviamente, mais tarde Lacan não colocará a mesma ênfase na *Urbild* do eu. Dirá que realmente é lamentável o fato de que a espécie humana se interesse sempre pelo mesmo — contrariamente aos animais que se interessam por muitas coisas —, que os homens e as mulheres fiquem diante do seu espelho olhando o rosto e enfeitando-se, enquanto todo o resto não existe para eles. É uma descrição extremamente pejorativa. Em vez disso, ali está tomado como um núcleo. Seria preciso interrogar-se sobre todas essas variações, pois não podemos dizer que não modificam em nada a construção, ao contrário. Está claro que no desenvolvimento de seu ensino, Lacan chegou a uma visão muito mais pessimista do que esta ao dar uma importância muito maior à repetição da experiência do gozo primordial em relação às modificações subseqüentes. Ao passo que, ali, existe ainda toda uma abertura da experiência que é totalmente correlativa ao seu aspecto conquistador na psicanálise.

Não podemos deixar de fazer essa relação. Na página 236, final do penúltimo parágrafo, diz:

... é pelo fato de o sujeito introduzir em seu campo de experiência os elementos irreais do significante que ele consegue ampliar o campo dessa experiência até a medida em que ele é ampliado para o sujeito humano.

De alguma forma, temos aí o significante liberador, o significante que conota o que não existe e que amplia a experiência.

No capítulo XIV, há cinco ou seis páginas sobre André Gide e sobre a identificação. Lacan chega a uma fórmula muito sistemática, poderíamos dizer quase matemática: é no mesmo lugar que se produz ou o Ideal do eu, ou a perversão. Mostra que o determinante na posição de Gide é sua identificação com a criança não desejada. Quando pode identificar-se ao seu ser desejado, desejará, então, os menininhos. Nessas páginas, percebe-se até que ponto, segundo Lacan, o homem homossexual tem relações muito estruturadas com o objeto feminino. Lacan empurra a questão até dizer que não é, em absoluto, por desejar menininhos que Gide é perverso, mas por não poder prescindir de sua mulher, a quem dá uma posição tão exclusiva que só consegue escrever-lhe ou conversar com ela. Quer dizer, amá-la sem desejá-la, e isso é o perverso. É muito curioso, pois a perversão de Gide não é tanto por poder desejar apenas menininhos, mas consiste no fato de que somente pode *ser aquele que se impõe no lugar ocupado pela prima*, aquele cujos pensamentos giram em torno dela, aquele que lhe dá literalmente, a cada instante, tudo o que não tem, mas nada além disso. Ou seja, não lhe dá o que tem, e o que tem dá aos menininhos para que brinquem com isso. Lacan não pronuncia o termo "perversão" nos *Escritos*, mas o faz ali, situando-a exatamente no nível dessa dependência absoluta em relação ao objeto feminino.

Talvez retomemos tudo isso amanhã para que tenhamos tempo agora de discutir um pouco. Várias pessoas me disseram que tinham algo a dizer. Há microfones na sala?

Debate

Pergunta: Queria somente fazer uma simples observação em relação ao que o senhor estava dizendo sobre a lei. De fato sou magistrado, assim você pode saber desde onde falo. Não estou de acordo com sua visão quando diz que a lei praticada pela justiça e pelos juízes não destina um lugar para a exceção. Os maus juízes não destinam um lugar para a exceção, mas a essência mesma da função de julgar é justamente dar um lugar à exceção. Primeiro, a exceção existe no direito sob a forma da eqüidade, a teoria do abuso do direito. Há muitas teorias que sempre permitem limitar a lei. A lei aplicada sem limites é algo conhecido desde o direito romano, é a injustiça pura. O que é muito engraçado quando se começa a se interessar por Lacan — interesse que continua pois é apaixonante — é encontrar em filigrana e em diferentes sistemas jurídicos os elementos de estrutura da lei propostos por Lacan.

J.-A. Miller: Não creio ter dito que a lei não conhecia a exceção, ao contrário, creio ter dito que não obedecia cegamente à regra, e que a lei era diferente, mas evoquei a justiça com olhos vendados.

Pergunta: Mas a imagem da justiça com olhos vendados é própria do século passado, do positivismo jurídico e penso que aí existem matizes, já que se trata do positivismo jurídico tal como foi elaborado no século anterior, que justamente quis atar os juízes para evitar que utilizassem seu poder de dar lugar à exceção. Essa imagem da justiça com olhos vendados tem uma história. Mas penso que o verdadeiro juiz, que exerce completamente sua função, tem os olhos abertos para poder limitar os efeitos da lei.

J.-A. Miller: Mas também todos têm medo quando os juízes têm olhos abertos, pois existem pequenos tráficos que são úteis à existência e que produzem pequenos efeitos da corrupção que até agora não atrapalharam a ninguém. O que você pensa disso?

Pergunta: Pois penso que, de fato, se os juízes não tivessem os olhos abertos não precisaríamos deles, posto que bastaria uma máquina para aplicar a lei, e penso que os estragos da lei aplicada cegamente são consideráveis. Basta praticar a função de julgar para precebê-lo.

J.-A. Miller: Não seria uma certa decadência da noção romana, latina, da lei? Pois no fundo os anglo-saxões sempre praticaram isso e, de certa maneira, não há lei mas jurisprudência. Existem os casos, os antecedentes e, portanto, eles nunca acreditaram em nada mais do que no caso particular. Eles são realmente coerentes com o que Lacan dizia: existem apenas os casos particulares — casos que se sedimentam e acabam criando uma tradição. Por exemplo, recordo-me de ter lido há alguns meses na Internet um parecer que na época era favorável ao presidente Clinton, que havia sido redigido pelo juiz. Consistia em uma série de precedentes alegados e classificados. Era verdadeiramente a primeira vez que lia um parecer americano e realmente se apresenta de uma forma muito diferente da argumentação francesa.

Pergunta: De acordo, mas gostaria de dizer que a diferença é somente aparente, pois na realidade um juiz sempre deve fundar sua decisão colocando algo no lugar do terceiro. O juiz nunca inventa a lei, a lei é sempre terceira, com o que, a partir do momento em que nos encontramos num sistema jurídico no qual não existe direito escrito, referimonos necessária e sistematicamente uns aos outros e a alguns precedentes. O juiz é justamente o Outro que não goza, que não faz o que quer e que está coagido pelas decisões de seus pares. O direito tem por função criar o Outro que não goza.

J.-A. Miller: Então existe alguém que o senhor teria de encontrar, que é um advogado também lacaniano, mas seu lacanismo o conduz a colocar verdadeiramente em questão os juízes. Recentemente o escutamos.

Pergunta: Eu gostaria de agradecer-lhe por sua luminosa apresentação sobre essa parte do Seminário 5 e pensei em duas perguntas, uma em relação à primeira parte, quando falava do *Witz* e do fato de que o psicótico não faria tiradas espirituosas. Como poderíamos explicar isso a partir do que havíamos trabalhado no Seção Clínica nesses anos em que justamente aparecia o *Witz* no psicótico? Perguntava-me se justamente o laço social não seria o trabalho, a posição e a presença do analista ao longo dos anos, que poderia criar ou instituir essa posição possível para o criação do *Witz*. A outra pergunta refere-se à relação entre os Seminários 4 e 5. Toda a última parte, onde Lacan introduz os matemas, especificamente para o Pequeno Hans, mas sem dar a fórmula universal da metáfora paterna — que, como o senhor muito bem assinalou, aparecerá no Seminário 5 e no texto sobre a psicose —, fórmula apresentada especificamente para o Pequeno Hans como solução para seu caso. Que relação se poderia estabelecer com aquilo que está trabalhando nessa parte sobre os tempos do Édipo?

J.-A. Miller: Em relação ao primeiro ponto, parece-me certo. Lacan não desenvolve no Seminário o aspecto terapêutico sobre a psicose. Parece deduzir-se das considerações de Lacan que a análise pode intervir nas psicoses para restabelecer ou tentar restabelecer a acolhida da mensagem e, conseqüentemente, restabelecer as vias de condução do código à mensagem e reciprocamente.

Posto isso, podemos ir à página 199 do Seminário, onde Lacan tentará discutir se o segundo tempo realmente se constituiu no caso do Pequeno Hans. Apontou muitas incidências no caso: o pai excessivamente bom, excessivamente inteligente, excessivamente amoroso, excessivamente tolerante com a mãe. Também que a mãe teve de suportar o "não" muito mais que o pai mas, ao mesmo tempo, animando o menino a transgredir essa interdição. Na página 193, diz Lacan:

A mãe, observem, em relação ao Pequeno Hans, acha-se numa posição ambígua. É proibidora, desempenha o papel castrador que poderíamos ver atribuído ao pai no plano real, diz-lhe: "Não mexa aí, isso é nojento" — o que não a impede, no plano prático, de deixar o filho entrar em sua intimidade, e não apenas de lhe permitir que exerça a função de seu objeto imaginário, mas de encorajá-lo a isso.

E é por isso que Lacan diz que o Pequeno Hans está em posição de *assujeito*, designando o fato de estar inteiramente sob a dependência do outro. *Ele é assujeitado, e essa é toda a fonte de sua angústia e sua fobia.* Então, aí poderíamos dizer que está sob a dominação da Outra coisa, que a Outra coisa chegou, que já não é uma ameaça e, justamente, ele tenta fabricar uma reclusão, tenta ter medo. No fundo, por estar exposto à Outra coisa, prefere centrar as coisas no cavalo. Ao menos assim sabe o que tem de evitar, dispondo ao seu redor da muralha da fobia. Aí poderíamos tomar o cavalo, o objeto fóbico, como parceiro-sintoma, o que permite que não seja *assujeito*. O parceiro-sintoma é o que permite a cada um de nós restabelecer seu espaço subjetivo.

Pergunta: Refere-se ao que o senhor disse esta manhã sobre o *Witz*. Até agora havia entendido que se o analista fica colocado como o Outro que ri do *Witz*, isso provocaria um freio à elaboração, um fechamento do inconsciente. Mas com sua exposição entendi que, na análise, seria bom que o paciente se surpreendesse e risse de uma interpretação, e que o contrário seria algo assim como fechar. Quando o senhor disse que o importante é que o Outro diga "sim", pareceu-me como se estivesse virando o assunto pelo avesso, que eu precisava pensar tudo ao contrário. O analista seria aquele que ri do *Witz* ou precisamente aquele que não o faz?

J.-A. Miller: Fazia uma espécie de generalização do *Witz* como a mensagem desviada, a mensagem transgressora, inédita, escandalosa, acolhida. O *Witz* como palavra jocosa, que faz rir, como um caso particular. Não penso que a análise se desenvolva pelos *Witz* do lado do analisante, nem pelo riso do lado do analista. É a estrutura do *Witz* como mensagem que não existe previamente no código, mas que aí é acolhida.

Pergunta: Em relação à questão que o senhor abordou quando dizia que Lacan depois se mostraria mais pessimista, queria perguntar-lhe — ao menos eu encontrei em *Joyce, o sintoma* essa alegria misturada de pessimismo, da qual o senhor falava hoje — se o eu de Joyce tem a ver com um agrafo? Quando Lacan diz que *a Urbild* do eu é essa primeira conquista ou domínio de si mesmo que a criança faz em sua experiência, pensei no eu de Joyce como o que justamente não havia funcionado do lado da *Urbild.*

J.-A. Miller: O que Lacan chama de *Urbild* do eu não é totalmente claro, mas é diferente do que ele chama, por exemplo, de imagem de si mesmo (i) e imagem do corpo. No entanto, em Joyce, Lacan destaca uma relação muito inquietante com a imagem do corpo no relato de uma experiência de uma certa decadência do corpo em *Retrato do artista quando jovem*. Sem dúvida, houve uma forte significação do eu em Joyce e é esse eu como significante que lhe fez desejar a notoriedade de seu nome. Se queremos falar do Joyce de Lacan nos termos de Lacan do Seminário 5, podemos dizer que, sem dúvida, existe uma forte *Urbild* do eu em Joyce, que é preciso distinguir da imagem do corpo. E realmente temos elementos na vida de Joyce que podem ir nesse sentido. Em sua identidade egóica e no significante do seu sobrenome, há uma certeza, uma insistência, que lhe fez sobreviver de uma maneira totalmente sensacional. Não sei se estará de acordo, mas isso poderia passar por um exemplo de uma forte *Urbild* do eu, dentro do desastre imaginário do lado da imagem do corpo.

Pergunta: Gostaria de perguntar se a *Urbild* do eu remete ao recalque originário. Há algo que se engata ao recalque originário, e quando não existe a atração do recalque originário, seria preciso produzir esse engate?

J.-A. Miller: Sabem que, por exemplo, nunca se tentou analisar Jeová. Evidentemente, Jeová teve grandes dificuldades para realizar uma identificação paterna. Tudo o que sabemos de Jeová é que tem uma *Urbild* do eu muito forte, já que diz: "sou quem sou", segundo as traduções. É o que se entende por *Urbild* do eu.

No entanto, Jeová é bastante limitado, há uma espécie de limite de Deus pai em relação a isso. Por isso, os cristãos colocaram em evidência Deus filho, pois ele consegue realizar o esquema de Lacan, mas terá de pagar bastante caro por isso. Valeria a pena lançar-se à clínica das divindades. Se pensarem na clínica das divindades gregas e romanas, elas se portam bastante mal, em todo caso, não com os critérios da moralidade de hoje em dia. Mas as divindades clássicas também mereceriam um enfoque desse estilo, fundado sobre a estrutura do Nome-do-Pai.

Lacan deduz a função do Nome-do-Pai de uma existência puramente formal. Num sistema significante, é uma função que fecha esse sistema, do contrário seria um verdadeiro caos. É certo que a linguagem é um todo, que ela precisa do fechamento e, por isso, a linguagem é o que dá lugar a dicionários, a tratados de gramática, a tratados de retórica. Por que temos feito tudo isso? Respondo, precisamente, que é por que não se fala da mesma forma que se respira. Quer dizer que na mesma língua existe um chamado à sua totalização pelos usos aos quais a submetemos e, particularmente, o de fazer a lei, o de pronunciá-la de forma mais justa possível. Todos esses são usos da língua. Mas há uma função de auto-fechamento da linguagem. A língua, ao contrário, está mais do lado do não-todo. A língua faz série, as palavras saltam umas sobre as outras, existem as etimologias... e a derivação é absolutamente o neologismo.

Pergunta: Gostaria de voltar à questão do "assujeito" em relação à fobia. Perguntava-me se não poderíamos também entender o "a" de "assujeito" como um privativo.

J.-A. Miller: Obviamente.

Pergunta: Minha pergunta é se poderíamos considerar a fobia na clínica da continuidade como uma etapa um pouco arcaica, da qual se desprenderiam, num segundo tempo, algumas estruturas mais puras, como a histeria e a obsessão. Se é assim, quais seriam as incidências na direção do tratamento?

J.-A. Miller: Primeiro é preciso lembrar que Lacan não manteve o termo "assujeito". Podemos ir à página 195, onde o introduz:

... a criança se esboça como "assujeito". Trata-se de um "assujeito" porque, a princípio, ela experimenta e se sente como profundamente assujeitada ao capricho daquele de quem depende, mesmo que esse capricho seja um capricho articulado.

É uma perspectiva na qual a criança começa na dependência e chega à independência. É o ponto de vista desse momento, mas não é o ponto de vista principal de Lacan posto que, como sabemos, evoluirá definitivamente a um "somos servos". Nessa perspectiva, então, de que margem dispomos para desamarrar o que foi amarrado? A perspectiva do Seminário é ainda existencialista: parte-se da dependência para conquistar-se a independência. Isso é muito diferente daquilo que posteriormente Lacan dirá, que o caminho de uma análise vai da impotência ao impossível. Ambas as perspectivas não se recobrem, porque o impossível é, ao contrário da liberdade, descobrir uma dependência definitiva em relação a circunstâncias determinantes, que são lógicas. Se empregamos o termo "assujeito", devemos dizer que esse é o estatuto normal do sujeito e que, portanto, não pode ser remediado. Se assim não fosse, se a questão fosse conquistar a liberdade, não encontraríamos todas as perguntas existentes sobre o final de análise. Não há nenhuma prova de que seja assim, inclusive, em certas ocasiões, temos a impressão de que se trata de conquistar a definitiva servidão.

Pergunta: Bem, mas isso não era o essencial da minha pergunta, era mais a relação da fobia com as demais estruturas como a histeria e a obsessão. Poderíamos colocar num *continuum*?

J.-A. Miller: Conhecem a tese de Lacan: trata-se de uma placa giratória a partir da qual se distribuem as diferentes categorias neuróticas.

Pergunta: Placa giratória significa que a fobia está mais aquém?

J.-A. Miller: Sim, é um desejo que ainda não encontrou sua saída, mas que pode ser encontrada nas diferentes variantes da neurose. Não é o único ponto de vista sobre a fobia, mas é o de Lacan a própósito da placa giratória.

Pergunta: A pergunta que quero fazer é sobre André Gide. O senhor disse antes, parece-me, que para Gide o parceiro-sintoma eram os meninos. Por outro lado, enunciou a tese de Lacan segundo a qual sua perversão está na sua relação com as mulheres. Parece-me que é nesse Seminário que Lacan lembra quando Gide diz: "não sabem o que é o amor de um uranista, é um amor embalsamado".

J.-A. Miller: Sim, tem razão. Por que não seria Madeleine o parceiro-sintoma? Sim, estou de acordo. Talvez tenha falado muito rapidamente. O problema é que o parceiro-sintoma, tal como eu o entendia, está ligado ao meio de gozo. O gozo fálico para Gide está do lado dos meninos e, digamos, o gozo sublimador, a sublimação do gozo está do lado de Madeleine. Temos aí as duas faces do mesmo fenômeno: a mulher única e a multidão de seus encontros como os meninos. É uma estrutura com variações mas que ainda se encontra; não é algo que tenha ficado antiquado. Aí percebemos que as relações do homossexual com a mulher são extremamente precisas. Pode existir um canal, uma condução absolutamente regulada, muito mais regulada que nos heterossexuais. Portanto, deve-se admitir a existência de uma complexidade do parceiro-sintoma. Talvez tenhamos que construí-lo juntos. Seria preciso fazer um todo dos meninos e de Madeleine para obter o parceiro-sintoma.

Pergunta: No primeiro capítulo há um subtítulo: "O espírito e suas tradições nacionais". Creio que são alusões a Quevedo e a outros autores. Tenho a hipótese de que a Escola dos Anais, que a nova história chamada das mentalidades, poderia ser ou bem a história do grande Outro, ou bem a história do horizonte do gozo em certa época. Seria isso justo, tendo em conta o que o senhor desenvolveu para escapar da idéia do inconsciente coletivo, dizer que existem formações coletivas do inconsciente que aparecem nessas tradições nacionais? Em segundo lugar, creio que também é no trabalho de Lacan sobre Gide que ele diz: *à mãe santa, filho perverso*, e relacionar isso à clínica das divindades cristãs seria um grande problema.

J.-A. Miller: Em relação à primeira pergunta, efetivamente Lacan diz: *tradições nacionais* como um palavra da língua comum e não nesses termos. Inclusive Lacan diz num momento: *o grande Outro não é a consciência coletiva*. É correto fazer esta negação, mas como dar conta dessa formação, a *tradição nacional?*

O que eu havia encontrado para explicar isso na AMP foram as relações de proximidade. Ou seja, no fundo falamos com as pessoas que estão próximas e tudo de ruim vem daí. Com efeito, a neurose estrutura-se em geral por falarmos com pessoas próximas. Se falássemos com gente muito distante, tudo seria bem melhor ou, ao menos, seria diferente. Então, deduzia tudo isso das relações de proximidade. Falamos mais com pessoas próximas, menos com gente distante e, portanto, as pessoas distantes se diferenciam das opiniões locais e, se as deixarmos continuar tranqüilamente, obtemos tradições. E por ser assim, temos a tradição inglesa na psicanálise, que é uma mistura curiosa. Foi preciso que Melanie Klein se fincasse por lá como também Anna Freud. Tudo isso são contingências. Também foi preciso que essas duas mulheres começassem a brigar com muita energia, o que, por sua vez, foi construtivo. E tudo isso, misturado com a profunda indiferença inglesa pelas idéias abstratas, resultou no que gloriosamente se chamará mais tarde "The British Schooll of Psychoanalysis". As tradições nacionais são fabricadas com esse tipo de resíduos, o que é exemplificado por uma tradição na psicanálise que quase vimos nascer.

Nós estamos em plena constituição de uma tradição lacaniana. Fazemos o possível para que não seja uma tradição, mas não conseguimos completamente. Por exemplo, se tomamos a palavra "Escola", podemos dizer que é a palavra que tem maior dignidade no Campo Freudiano; no fundo, já temos nossas tradições. Obviamente que não é tão simples e existem episódios que rompem as tradições. Parece simples, mas é o mesmo princípio que Lacan enunciou quando disse: *uma língua é feita de neologismos*. Poderia ter dito: "uma língua é feita de tiradas espirituosas que foram aceitas pelo código". As línguas evoluem quando alguém diz que algo nunca foi dito, aí vem o vizinho, escuta e o repete. As línguas são feitas de repetições, de plágios e de *Witz*. Lacan não deixa de relacionar um mecanismo tão complexo como é o da língua ao caso particular do "um que diz". Então, por que não o aplicamos às tradições? É o turbilhão de uma conversação. De fato, há alguns países que nasceram assim, a Libéria, por exemplo, que é um país artificial. Alguém começou a falar: "por que não voltamos para a África" etc. Encontrou associados, falou com muita gente e agora são uns três ou quatro milhões que, de vez em quando, matam-se uns aos outros.

Com Israel temos outro bom exemplo: é o resultado de uma conversação. Não são muitos os que conversaram com o Deus dos judeus. O judeus falaram muito sobre isso entre eles; no entanto, depois de tantas conversações a intenção reduziu-se a uma. Justamente no momento em que Freud inventa a psicanálise, Theodor Herzl inventa Israel; começa a falar com muita gente e sua conversação dará lugar a mudanças históricas. Portanto, creio que, apesar de poder parecer extravagante, sempre ganhamos ao diluir essas grandes questões no coletivo, relacionando-as ao caso particular — mas o caso particular como trans-individual, quer dizer, tomado dentro da conversação e do discurso. A IPA também foi uma conversação de Freud, que tinha vontade de falar não somente com os que reunia às quartas-feiras em sua casa, mas com aqueles que vinham lhe falar a partir de outros lugares. Isso é alentador, não é o pessimismo. Estamos em plena conversação e pode-se ir muito longe com uma conversação bem conduzida.

Pergunta: É sobre o esquema R, nos *Escritos*. Se bem me lembro, Lacan chama essa parte de lugar-tenente da fantasia e lhe dá uma estrutura de banda de Moebius. Podemos dizer que é algo que aí ainda funciona ou que assim está retomado por ele, no comentário que o senhor fez hoje?

J.-A. Miller: Essa observação de Lacan figura numa nota que acrescentou ao seu texto, que é de 1958, em 1966. Sobre isso, não há muita coisa no Seminário senão o essencial. Se Lacan retoma o esquema dos três tempos (página 234), é para destacar as pequenas flechas que vão no sentido contrário. Portanto, isso poderia indicar a torção que seria necessária para que fosse uma banda de Moebius. Coloquei essas duas pequenas flechas pois figuram nas notas de Paul Lemoine, e respeiteias pensando que poderiam indicar a torção a ser realizada, tal como as letras “m, i, M, C” que Lacan dá ao trapézio. Não me lembro de ter visto, quando redigi esse Seminário, indicações sobre isso. Não há dúvida de que Lacan tinha noções do que ia dizer muito antes de entregá-lo a seus editores. De fato, quando Lacan quer falar do próprio título *As formações do inconsciente*, diz: *formações, formas, topologias, talvez...*, e entendemos bem que ele espera, que ainda não desenvolveu toda a potência que logo poderá dar a esses termos. Então podemos dar-lhe um crédito limitado, como se diz em *O conde de Montecristo*.

Pergunta: Tenho duas perguntas. A primeira é se, nessa etapa de Lacan, o pai do terceiro tempo seria uma *Aufhebung*, na medida em que diz “não” mas também “sim”, quer dizer, suprime ao mesmo tempo que conserva. A outra pergunta é: em que sentido o pai é um *Witz*? Entendo que o pai seja a condição do *Witz*, mas não entendo por que o Nome-do-Pai é um *Witz*.

J.-A. Miller: Disse esta manhã que, na medida em que o *Witz* se funda na substituição, na metáfora, é por excelência uma metáfora. Temos aí o vínculo entre essas duas noções.

Quanto à idéia de *Aufhebung*, ela é totalmente exata aí já que, de certa maneira, na primeira etapa tudo está permitido, no segundo tempo do Édipo nada está permitido e, no terceiro, algo está permitido, apesar de ser para depois. Com efeito, voltamos a encontrar a autorização. O ponto de vista de Lacan é, sem dúvida, a autorização. O final da análise não é somente um “és isso”, não é a prisão do ser, mas se aproxima mais do *licet*, ou seja, “está permitido...”, com a inquietude de que tudo esteja permitido. Por isso, Lacan dizia: *tenho de estar aqui para envergonhar os analistas*. Por que dizia que sua função era envergonhar os analistas? Porque os analistas são — como resultado de suas análises — uns sem-vergonha! E além disso, é por isso que vão em direção à obscenidade como o rio vai em direção ao mar. Portanto, precisam de uma função moral exterior para que se detenham.

Pergunta: Gostaria de colocar uma terceira pergunta: o senhor disse que para Lacan a homossexualidade masculina é, no fundo, uma inversão da metáfora paterna, pois é a mãe quem faz a lei. Pergunto-lhe se tem uma hipótese sobre o que ocorreria do lado das mulheres quando também há uma mãe que faz a lei, quer dizer, quando também há uma inversão da metáfora paterna. O que isso produziria do lado das mulheres?

J.-A. Miller: Primeiro, penso que não se deve levar isso demasiadamente a sério, pois isso continua sendo o *guignol* clínico e o esforço de Lacan foi de logicizá-lo. Segundo, deve-se levar isso totalmente a sério, quer dizer, quando ocorre dessa forma, tem conseqüências. Talvez possamos imaginar um futuro no qual não haveria nenhuma conseqüência, mas nas sociedades em que vivemos, há conseqüências desastrosas, que descobrimos na prática de cada dia. Quais? Uma relação direta, para retomar a expressão de Éric Laurent, com o Nome-do-Pai não é o que freqüentemente se encontra no mundo, quer dizer, a idéia de que o Nome-do-Pai seja, no fundo, uma função que reprima. Muitos sujeitos neuróticos ficam com essa noção e não vemos a análise capaz de reestabelecer certas torções com certos limites, o que os faz sofrer. Há sujeitos que dão o testemunho de que, para eles, todas as relações humanas são de opressão ou servidão. É espantoso viver no mundo assim, inclusive podemos dizer que isso promete a dor e a solidão. Quando, com efeito, na história do sujeito o encontro com a pessoa que encarna a autoridade do Nome-do-Pai (para tomar uma fórmula ampla) coincide com a abjeção, com o crime, produzindo efeitos importantes, eu nunca vi que a análise não pudesse atenuá-los, embora sem eliminá-los completamente. Quando a pessoa que encarna essa função o fez plenamente, de modo que a função ficou amarrada com a abjeção, o sujeito não se desvencilha disso, quer dizer, não pode relacionar-se com a autoridade sem que ela seja marcada pela abjeção. Portanto, o sujeito sempre sentirá que "há algo de podre no reino", justamente por transportar essa podridão com ele e, apesar de existirem analistas mais meticulosos, é algo que permanece.

A oportunidade da verdade

J.-A. Miller: Gostaria de saber se ainda se lê Benito Jerónimo Feijóo na Espanha.

A. Vicens: Sim, o padre Feijóo, e seu *Teatro crítico universal*, é considerado, junto com Jovellanos, um dos poucos escritores verdadeiramente ilustrados da época, na Ilustração Espanhola. Alguém a chamou de "Ilustração insuficiente".

J.-A. Miller: Em alguns livros que comprei nesses dias, encontrei, numa recompilação do ensaio espanhol do século XVIII, algumas páginas de que gostei bastante, onde se diz que Feijóo foi o autor mais lido de seu tempo, informação que eu não conhecia. Encontrei um ensaio: "Por que empregar o humor e as tiradas espirituosas?", que faz parte das *Cartas eruditas e curiosas*, no estilo de Addison, Pope e dos ensaístas franceses da mesma época.

A. Vicens: Como era sacerdote, seus escritos circulavam melhor, enquanto Jovellanos teve de padecer com um período na prisão.

J.-A. Miller: O contexto ao qual corresponde teve, para nosso eclesiástico, o efeito de misturar o discurso sério com o gracejo, no entanto, devo dizer, há uma certa insipidez em sua defesa. Vou ler para vocês uma passagem de Feijóo: *A Vossa Reverendíssima entendia que o descanso próprio de uma pluma seria a algazarra, a troça e acreditava que Aristóteles entendia isso do mesmo modo ao dizer ...* — segue em latim uma citação de Aristóteles da *Política*, 8-3 — *os que trabalham necessitam relaxar e seu prazer está na troça*. Há uma nota em que se explica que a citação não é do capítulo 8 mas sim do 5. Sigo com Feijóo: *... e por que, se não é por essa razão, que todos os filósofos morais colocam na classe das virtudes aquele hábito que tende à troça oportuna, que os gregos chamaram* etropelia *e os latinos* cómitás, *e cujos extremos viciosos são histrionismo e a vulgaridade.* Assinala logo que o histrionismo caracteriza a qualidade do bufão. O histrionismo, a bufonaria e a vulgaridade são os elementos viciosos da *etropelia* ou *cómitás*.

O mesmo Aristóteles na *Ética*, 4-8, diz: *chamo de bufões vulgares àqueles que são incapazes de fazer um gracejo e não suportam aqueles que o fazem.* E também *aqueles que são incapazes de fazer um gracejo e não suportam aqueles que os fazem são considerados enfadonhos e grosseiros...*

Continuo com o parágrafo em que se fala de São Tomás: ... *não se poderia dizer que seja máxima de uma ética não ter sua mescla pagã, pois São Tomás condena como vício o não admitir nenhuma interrupção da seriedade com a tirada espirituosa; note-se, entre outras, essa cláusula no corpo do artigo.*

Há entre nós um especialista em São Tomás, Antonio Di Ciaccia. Quer comentar algo sobre esse ponto?

A. Di Ciaccia: Na *Suma teológica*, creio que na Questão 168 — digo-o de memória e talvez me engane —, São Tomás retoma a posição de Aristóteles e refuta a posição de Santo Agostinho sobre o jogo. Santo Agostinho pensava que tanto os jogos como o *Witz* eram pecados, enquanto São Tomás retoma a posição de Aristóteles, dizendo que os jogos são necessários e o *Witz* é uma virtude

J.-A. Miller: É certo que haveria que se considerar de modo geral as proibições sobre os jogos que, nesse caso, referem-se à permissão concedida aos jogos de palavras. Haveria que se estudar a posição liberal, diversa da posição tradicional em relação ao ato de jogar/brincar. Se digo "ato" é por que concebe a diversão como instituindo uma relação originária com as coisas do mundo. Uma relação, no final das contas, não trágica mas que tende mais à comédia do que à tragédia. É ainda mais preciso com o jogo de palavras.

Voltando ao tema desse grande autor, a defesa de Feijóo pareceu-me um pouco insossa, pois para ele o gracejo, o jogo de palavras, é concebido apenas como um relaxamento, um descanso da tensão do sério. Rabelais, ao contrário, dá ao jogo de palavras um valor mais distinto, tratando-o como um lugar da verdade.

O discurso sério, no fundo, é tratado no vetor dos semantemas — para retomar os termos que Lacan utliliza quando se refere a esse vetor no Seminário. São grandes assuntos morais, o sermão, o ensino universitário, os discursos com que se estabelecem os poderosos embora, na realidade, o verdadeiro lugar da verdade, segundo Freud e também Lacan, está no vetor significante, o vetor que tem a maior proximidade com a letra. É precisamente no jogo de palavras e na tirada espirituosa que é dada à verdade a oportunidade de aparecer.

Para a *cómitás*, em Rabelais, não se trata somente de se divertir, de um descanso dos trabalhos superiores da mente; ao contrário, no gracejo mesmo é que se pode verter o vinho da verdade, que tem uma função essencial. Lacan alude a isso em algum lugar e, ao mesmo tempo, utiliza a importância da exegese na "história das idéias".

Finalmente, daí vem a importância capital de Erasmo na história ocidental, por ter introduzido textos antigos, tê-los editado e suscitado novas leituras, que tiveram uma importância decisiva. A nova leitura da Bíblia e dos Padres da Igreja, levada adiante por Lutero, teve uma importância capital pois, a cada operação de nova leitura, tiveram lugar os combates em torno da verdade. A psicanálise estabelece novamente a extrema dignidade do jogo de palavras como algo que vale mais do que qualquer belo discurso.

Se penso no momento em que entrei em contato com o ensino de Lacan, devo dizer que havia uma certa sedução pela ruptura do tom de seu discurso. Na formação universitária ensina-se a fazer dissertações, a dissertação literária ou filosófica que deve ser homogênea. Deve ter um desenvolvimento que não somente seja coerente mas que, além disso, tenha um tom homogêneo. É verdade que com os filósofos existencialistas houve toda uma abertura mas, afinal, é um gênero.

Em vez disso, em Lacan encontramos algo totalmente diferente: esquemas matemáticos, em seguida insultos ou gracejos a seus adversários no estilo mais gongórico, seguidos de um desenvolvimento erudito e, após, uma fina consideração clínica. Nesse sentido, é muito diferente de Freud, que era respeitoso com o academicismo. Freud é prodigioso, mas em termos de estilo, respeita um comedimento, devido, por um lado, à sua admiração por Goethe e, por outro, a uma posição que, sem se fixar, tende ao moderado, o que não impede o vigor do pensamento. Em Lacan, ao contrário, há um caos combativo que mistura o profundamente barroco, os elementos heterogêneos e dá lugar a um estilo de uma originalidade surpreendente. Isso se relaciona ao que estamos falando e no Seminário há exemplos disso. Trata-se de um monólogo *sui generis*. Nunca se viu nada comparável com essa mobilidade na forma e na enunciação.

Na época da Escola Freudiana me diverti um bocado explicando que Lacan era um autor barroco, não clássico e, inclusive, no capítulo IX de *Mais, ainda*, ele aceita essa classificação. Isso nos faz voltar ao que dizíamos ontem a propósito do engenho, que é o âmago do assunto.

A via romana

Vamos agora dedicar-nos à terceira parte do Seminário. Começarei lendo uma passagem na página 300, que situa bem a importância que tem para Lacan o terceiro tempo, no qual se dá a formação do Ideal do eu. No capítulo XVI, encontramos precisamente a seguinte frase:

... o momento que Freud explorou e articulou como sendo a saída do Édipo, do qual, após o recalque do desejo edipiano, o sujeito sai renovado, e provido de quê? A resposta é: de um Ideal do eu.

O fio do novo aponta especialmente o Ideal do eu. Devo assinalar que essa definição está no Seminário para diferenciá-lo do supereu. São duas funções que têm sido classicamente confundidas na psicanálise, mas que devem ser diferenciadas.

O supereu suporta funções de proibição e, embora Lacan mais tarde diga que o supereu leva ao impossível, inicialmente pode ser considerado como uma função de proibição. Já o Ideal do eu exerce sua função sobre o desejo e a normatividade sexual. Lacan diz: *tipificação*. É uma função que coloca o sujeito sobre o eixo do que deve fazer como homem ou como mulher. Todas as perguntas sobre a identificação feminina ou viril são questões que, na teoria psicanalítica, giram em torno do Ideal do eu, noção que Lacan teve prontamente como leitor de Freud. Já em seu texto sobre *Os complexos familiares*, em 1938 — não posso dar a referência exata pois não tenho comigo o texto neste momento — falava sobre os usos do Ideal do eu, distinguindo-os do supereu.

Ao se entrar no âmago do assunto, abrem-se muitas portas e, talvez, eu possa fazer outro curto-circuito. Se Lacan se interessa e destaca o Ideal do eu e o terceiro tempo do Édipo, o adjetivo "novo" é muito indicativo, já que o Ideal do eu pertence ao que se pode chamar de a via romana do Seminário.

Como ler o Seminário? É claro que cada um pode fazer a leitura que quiser; no entanto, em todos os Seminários há uma via principal, uma via romana e depois estão as trilhas, os caminhos de cruzamento que Lacan explora, as vias que seguem pelos distintos lados, quando se sobe num promontório para ver mais longe, ou se desce a um fosso. Tudo isso é apaixonante, deve ser visto em detalhe, e quando Lacan dá alguma indicação que não desenvolve, levamos a sério, o que nunca decepciona. Mas também há uma via principal, à qual o Ideal do eu pertence pela seguinte razão: o Ideal do eu é uma formação a partir da qual o sujeito sai novo.

Na experiência psicanalítica, tal como Lacan a apresenta na estrutura, qual é a via do novo, como o novo advém? Encontramos essa valiosa anotação apenas uma vez.

Se na primeira parte sobre o *Witz* Lacan nos apresenta uma teoria renovada da metáfora, com a mensagem metafórica e neológica apoiada em "A instância da letra no inconsciente", na segunda parte, onde aborda a lógica da castração, apresenta-nos a metáfora paterna. No terceiro parágrafo da página 313 encontramos a anotação que mencionei antes: *A formação do Ideal do eu tem, portanto, um caráter metafórico.* É uma frase que é preciso emoldurar. Creio não me equivocar ao afirmar que o diz somente uma vez. Apesar disso, é uma frase capital, pois nos dá a continuidade do Seminário: a metáfora tomada no *Witz* e na *Psicopatologia da vida cotidiana*, na primeira parte, a metáfora paterna na segunda e terceira partes, e a metáfora do Ideal do eu, também na segunda e terceira partes. É decisivo abordar isso por esse lado, pois mostra qual é a textura da reflexão de Lacan.

Então, vamos considerá-lo, voltando a essa aparentemente misteriosa *Urbild* do eu que sublinhamos da última vez. No esquema R, com a relação "i—m", a relação imaginária, tal como costumamos abordá-la, adquire complexidade. Disso sou em parte culpado, pois sempre coloco no quadro a expressão simplificada do estádio do espelho: os termos a—a'.

O esquema L mostra o marco imaginário: a relação do sujeito com sua imagem que o estruturará especularmente, bem como a seus objetos, que se distingue da relação simbólica. No nosso quadrado lacaniano temos o eixo simbólico e o eixo imaginário, que é uma barreira para o eixo simbólico (fig.1). No primeiro esquema, Lacan reproduz a simetria ao utilizar a mesma letra "a".

Esquema L (Fig. 1)

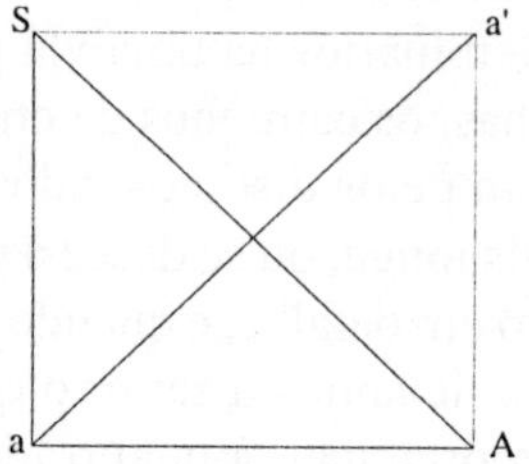

Esquema R (Fig. 2)

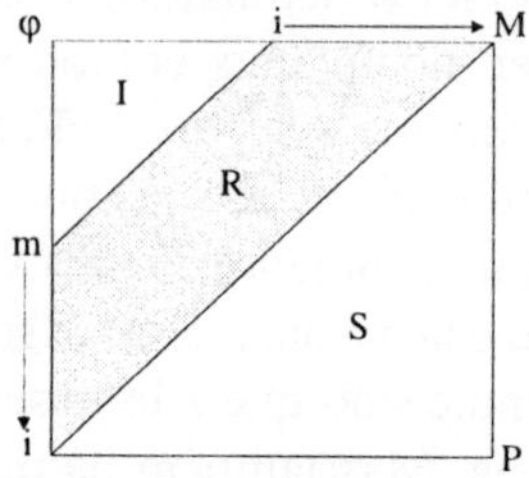

Mas ao introduzir o esquema R (fig.2) em "De uma questão preliminar a todo tratamento possível da psicose", desfaz a simetria. O esquema R é também um quadrado, mas aí os termos estão dispostos de outra maneira, tanto o simbólico como o imaginário estão representados por zonas e não por vetores. A região central que corresponde a uma banda de Moebius, limita-se a separar o simbólico do imaginário.

Na realidade, o esquema R é uma transformação do anterior; mas qual seria o valor dessa transformação? Com esse esquema, desfaz-se a simetria. Escrever "i, m" neste eixo, indica a ruptura da simetria dos termos, e esta é uma idéia que já aparece no grafo. Os termos "i, m" terão destinos distintos, pois "i" vai até "M", enquanto que "m" vai até o Ideal do eu. São dois destinos que deixaram de ser simétricos.

Tal como se vê no esquema R, "i" está dividida entre direcionar-se ao termo fálico (φ), ou a M. O sujeito pode permanecer na relação com o falo ou dirigir-se a M, o que por uma transformação representa uma relação com a realidade, algo que já está nos *Escritos*, mas que será retomado nesse Seminário.

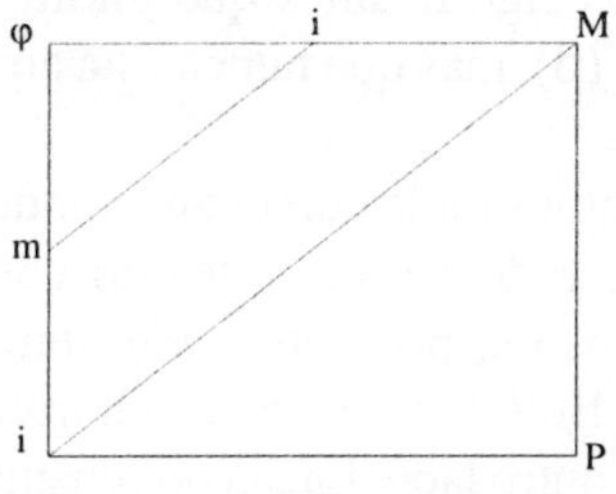

i ———— m

i(a) ——→ realidade

φ ⌒→ i ⌒→ M

φ ——→ m ——→ I

Do mesmo modo que "i" pode escolher entre a identificação fálica ou dirigir-se a M — essa é a fórmula primordial —, "m" pode escolher entre dirigir-se a "I" ou a "φ", quer dizer, dirigir-se ao lugar onde entra em relação com a função do pai. Escolha hercúlea entre o vício e a virtude.

O cavaleiro do simbólico

Agora um passo a mais. Se compararmos o esquema R com o Seminário anterior, na orientação que estamos dando, vemos que o que pertence à ordem do imaginário deve passar ao setor do simbólico. Lacan chama isso de *a conquista progressiva do mesmo*. O movimento global do Seminário são as significações positivas com que se carregam, nos trajetos, os termos imaginários ordenados no simbólico. Isso qualifica, de certo modo, todo o movimento do Seminário. Há um capítulo que se chama justamente "Da imagem ao significante", que é o capítulo XII.

O Seminário 4 também começa a esboçar uma mudança. Vemos no esquema L, onde temos, por um lado, o simbólico e, por outro, o imaginário, e o gesto de Lacan como o gesto de Moisés: dividir as águas e cada qual em sua casa. Pelo lado do simbólico temos a fala, seja a palavra vazia ou plena: são os significantes. Pelo lado do imaginário estão as imagens, fascinantes e diversas, que ora se fixam ora deslizam, mas que pertencem a outra ordem. Pelo lado do significante estão os pequenos significantes bem ordenados, discretos, cada qual em seu lugar, e quando um não está, vê-se de imediato o que falta e então vai-se buscá-lo nas prateleiras, em cima ou embaixo da mesa, como na "Carta roubada". É o mundo ordenado nos significantes que giram em sua majestosa ordenação, (α) que segue (β), mas que nunca está ao lado de (χ), como o movimento das esferas.

Temos as imagens que não sabemos onde começam e onde terminam, que são tomadas de um lado e de outro, partes do corpo que passeiam como em Hieronymus Bosh e, por outro lado, temos uma imagem soberba como a *Vênus* de Boticelli. Ou seja, o horrendo e o sublime, e a libido passando de um a outro lado. Lacan nos ensina, nesse momento, a reconhecer o que é o simbólico e o que é o imaginário. O movimento que nos conduz, pela convicção de sua argumentação, tende a não misturar as coisas. Por um lado, os panos simbólicos e, por outro, os trapos imaginários.

Mas no movimento do Seminário 5, o cavaleiro da capa mostra-nos a metamorfose dos termos imaginários em termos simbólicos e, embora seja verdade que isso já se comece a ver no Seminário 4, quando Lacan inicia a elaboração dos elementos imaginários que são significantizados, é verdadeiramente no Seminário 5 que toda a tropa imaginária se desloca ao simbólico. Se o eu permanecesse no imaginário, terminaria mal, ficaria identificado ao falo, mas trata-se de que finalmente tome todos os seus apetrechos e que, metodicamente, se significantizem até transformar-se no sujeito provido de um formoso Ideal do eu, bem consistente e simbolizado.

É verdade que se poderia falar do louvável amor de André Gide por sua esposa, mas o problema é que ao ter seu Ideal do eu fora, Gide não pode deixá-la. Precisa de provas de sua parte e, ao mesmo tempo, a embalsama num amor sem desejo. É por que seu Ideal do eu está nela que ele não pode dar um passo sozinho. Então, a questão é estar provido de um Ideal do eu interno.

Há um texto de Hanns Sachs sobre *A gênese das perversões*, muito interessante e citado por Lacan no Seminário. O autor também escreveu um texto sobre o supereu feminino, em que considera um traço da posição feminina que o supereu esteja fora. Na realidade, o que Sachs chama de supereu é o Ideal do eu. Ele explica nesse texto que as mulheres mudam de idéia segundo o homem com o qual estão. É claro que não se pode generalizar, mas basta acompanhar certas pessoas durante alguns anos para perceber que Sachs tocou uma certa verdade.

É preferível estar provido de um Ideal do eu, ir de preferência nessa direção; o mesmo podemos dizer em relação a "i". Se "i", quer dizer, o objeto, permanecer na ordem do imaginário, o sujeito não terá o sentido da realidade; mas se "i" mantiver-se na direção do simbólico, o sujeito terá experiências, isto é, não terá somente uma relação imaginária com os objetos, mas com eles poderá manter uma relação mais estável e mais organizada. No Seminário temos esses esboços de desenvolvimento, mas que traduzem, fundamentalmente, o deslocamento do imaginário ao simbólico.

Uma vez tendo esse princípio em mente, o título do capítulo "Da imagem ao significante" poderia ser o subtítulo de todo o Seminário. Com efeito, Lacan assinala que não é um capítulo como os demais e pede desculpas por ser especialmente abstrato, e esse é o testemunho de que aí delineou a concepção do movimento pelo qual é conduzido. Essa lógica implica que o eu deve tornar-se significante, e não é preciso quebrar tanto a cabeça como fizemos ontem com a *Urbild* do eu. As descrições que Lacan faz implicam uma torção para entrar numa lógica segundo a qual o eu deve transformar-se em significante. Como isso ocorre? Com o Ideal do eu, que é um significante do eu que está por advir, I(A). A identificação simbólica é uma significantização do eu. Logo retomarei isso.

Paralelismo Ideal do eu – falo

Do mesmo modo que há um significante do eu por advir, que é o Ideal do eu, também há um significante do objeto (i), que deve transformar-se em significante. O objeto também deve ir ao simbólico ou não haverá vida humana propriamente constituída. Vou escrevê-lo, é a demonstração da terceira parte.

$$\begin{array}{c} M \longrightarrow S(m) \\ i \longrightarrow S(i) \end{array}$$

O que escrevi S(m) é o Ideal do eu, é a demonstração que Lacan apresenta de que o falo é um significante. Essa noção chamou a atenção de todo mundo, tirando o protagonismo do Ideal do eu. Do artigo dos *Escritos* intitulado "A significação do falo", poderíamos dizer que Lacan colocou o título antes de perceber que todos os elementos imaginários, para funcionarem no sujeito, precisavam ser concebidos como significantes. Isso permitiu-lhe resolver muitas questões paradoxais e clínicas.

Podemos acompanhar, paralelamente na segunda e terceira partes, a elaboração do Ideal do eu como simbólico e a elaboração do objeto fálico, especialmente na terceira parte. O paralelo entre o Ideal do eu e o falo é o assunto capital da terceira parte.

Desde logo, há um pequeno efeito Toinette. Toinette é uma personagem do *Doente imaginário* de Molière, a criada de fala franca e desabrida que, no momento em que o doente imaginário está enredado pelos médicos, disfarça-se também de médico e vai auscultá-lo. O doente é, sem dúvida, um histérico que se queixa continuamente, e Toinette tem a mesma resposta para tudo: o pulmão. O pulmão é a resposta universal.

Nesse ponto somos benevolentes com Lacan. O extremo da benevolência levaria a posicionar-se da melhor maneira para um equivalente do gracejo: O que é um pai? Um significante. O que é a mãe? Um significante. O que é o falo? Um significante. Para explicar a metáfora paterna, Lacan precisava introduzir a mãe que vai e vem, como um significante que aparece e desaparece.

Configuração típica do desejo

Em relação à estrutura, nesse Seminário tão divertido, rico e que ao mesmo tempo tem uma lógica, o mérito consiste em mostrar que, ao levar a sério o caráter significante desses termos, resolvem-se problemas clínicos.

Há uma parte em que Lacan retoma textos clínicos pertencentes ao período entreguerras e mostra como eles tropeçam em uma série de impasses teóricos, que se resolvem quando se atém ao caráter significante dos termos.

Bem, não posso fazê-lo agora, mas é preciso interessar-se pela interpretação precisa desses termos, é preciso buscá-los, lê-los, examinar a que Lacan precisamente se refere. Ele toma os três artigos de Ernest Jones, também de Karen Horney, de Helen Deutsch e retoma Melanie Klein, que constitui o pano de fundo dessa parte, e mostra, estudando os textos, de que modo o ponto de vista "isto é significante" resolve aporias e *impasses*.

Lacan diz, rapidamente, que toma o falo como significante, ao final da segunda parte. Destaca na leitura de "Bate-se numa criança" a função do chicote como instrumento, isto é, um termo significante propriamente simbólico. Na página 251, terceiro parágrafo, diz: *O caráter fundamental da fantasia masoquista, tal como efetivamente existe no sujeito ..., é a existência do chicote.* Todos os dados intersubjetivos da fantasia são recompostos por Lacan, mas ele coloca a ênfase maior no chicote como instrumento.

Temos primeiro o φ (o falo imaginário), e depois o ϕ (o Falo simbólico), o significante que merece ocupar um lugar privilegiado na série dos nossos hieróglifos. Quem tem o chicote sempre representou o mestre — é uma abordagem do significante-mestre um pouco patética, "aquele que tem o chicote". Lacan diz que os seres humanos estão todos sob a palmatória, por isso se interessa nesse momento pela perversão, ao considerar o desejo em sua configuração típica.

Quando se considera o lado do imaginário, fala-se da figura ideal do sexo oposto em termos de globalidade, enquanto que ao se destacarem os traços de perversão, isolam-se elementos. Pensando-se pelo lado da sexualidade típica ou normal, sempre é o Jack *loves* Jill, Jack se interessa por Jill, o que dá lugar a considerações sobre a pessoa como um todo, enquanto que, ao ser tomado pelo lado da perversão, em vez de Jill, temos seu sapato. Como explicar então, a partir do imaginário, a introdução do sapato?

Tomando-se pelo lado da "sexualidade normal", pode-se reduzir a sexualidade humana, compará-la com a sexualidade animal e verificar a existência de condutas que permitem ao macho da espécie acasalar-se e reproduzir-se com a fêmea. Pode-se fazer uma sociologia que é na realidade uma etologia. Há anos, um antropólogo inglês, Desmond Morris, dedicou-se a demonstrar tudo o que a conduta humana tinha de animal. Escreveu um best-seller, *O macaco nu*, um livro com fotos que mostra como as damas, quando se interessam por um senhor, dilatam a pupila e mais detalhes desse tipo. Mas o problema é que no animal não encontramos o fenômeno do interesse pelo sapato da senhora. Isso fica aprisionado num sistema que desregula o instinto, por isso, para destacar o caráter significante do objeto, Lacan passa pelo estudo da perversão. Destaca por que na sexualidade introduz-se um instrumento, um chicote. Embora na espécie animal existam formas de crueldade que são tomadas pelo lado da rivalidade, não encontramos a introdução de um elemento significante como o chicote ou o sapato.

É verdade, essa questão deve ser vista de perto pois os animais são, com freqüência, surpreendentes. Mas os animais domésticos não podem ser tomados como exemplo, pois estão sob um universo de linguagem uma vez que, embora não tendo acesso à linguagem articulada, têm, no entanto, a palavra. Está claro que é possível imaginar que o cachorro ame o chinelo de seu dono, a prova é que gosta de mordê-lo. Não é preciso falar para estar submerso na linguagem. O que Lacan sublinha é que os animais domésticos estão submersos no universo da linguagem, têm a palavra, não a palavra articulada mas, no fundo, enviam mensagens, têm um código de conduta. Está claro que o animal doméstico sabe o que deve fazer, tem o código, mas sem o Nome-do-Pai.

É muito difícil teorizar sobre esses assuntos pois isso significaria que os animais são loucos, quando os loucos somos nós! Tenho um certo *handicap* em relação a isso, pois nunca consegui ter animais domésticos, mas pude observá-los, como por exemplo, a famosa Justine, a cachorra do Dr. Lacan. Era sumamente humanizada. Vivia no campo e se dava muito bem com os guardas, mas quando chegava o

Dr. Lacan e sua família, ficava com seus donos e ladrava quando os guardas se aproximavam. Às vezes, abriam-lhe a porta da biblioteca e era preciso ver com que orgulho dava voltas e ficava num sofá em posição majestosa. Tinha, sem dúvida, acesso a todo um mundo simbólico, e quando não lhe davam esse acesso, os gemidos eram de partir a alma. Sem dúvida, era uma alma que sofria.

Debate

V. Palomera: Ontem, na linha do que J.-A. Miller comentava como uma achado, encontrei um livro de Leonardo Sciascia, *A Sicilia como metáfora*, onde se recolhe um diálogo entre um jornalista e o autor. Os temas são a metáfora, a tradição, dialoga com o mais distante, mas a partir da tradição mais próxima. Vou ler a vocês um parágrafo:

Pelo que eu disse, creio que se compreende que não sou um homem maternal, para usar um termo de Savinio, pelo fato de passar minha infância e adolescência entre tantas mulheres, com minhas tias e as "mães"; no entanto, transformei-me num homem paternal. Muitos sicilianos têm, como eu, uma relação de rivalidade e de inimizade na adolescência com os pais; depois ocorre que, olhando-se num espelho, parece-se com o pai, repete sua existência. Gutusso que também é um homem paternal, disse-me: "cada manhã quando faço a barba, descubro a cara de meu pai no espelho". Como eu, pensa que as várias desgraças do sul ocorreram em função das mulheres, principalmente quando se transformam em mães.

J.-A. Miller: Isso é coerente com a idéia de que as mulheres são depositárias da tradição e é certo que a consciência coletiva é feminina. Talvez Carrabino queira dizer algo sobre a Sicilia.

R. Carrabino: No que se refere à relação entre o homem e a mulher, é preciso fazer uma distinção entre os povoados e as cidades. Nos povoados, pode-se dizer que é a mulher quem sabe como deve portar-se o homem, apesar de não dizer-lhe diretamente. Nas grandes cidades, isso pode ser visto no seio da família, na relação entre os filhos e suas mães, onde a mãe pretende decidir pelos filhos. Embora existam, sem dúvida, muitas diferenças, generalizando podemos dizer que o espírito que governa essas relações é dessa ordem. E parece-me que o que Sciascia escreve é muito pertinente, inclusive no que diz respeito às relações entre pai e filho.

J.-A. Miller: O senhor diz que há um período típico de rebelião filial e que se produz uma conversão ao pai quando o jovem se torna adulto?

R. Carrabino: Sim, às vezes me pergunto, pessoalmente, o que poderia ter ocorrido para que, por exemplo, quatro anos antes houvesse uma guerra e depois, no entanto, o filho ocupasse exatamente o lugar do pai. Fala com o mesmo estilo do pai, o vocabulário, a entonação etc.; os valores que orientam sua forma de viver são os mesmos.

J.-A. Miller: Não li o livro de Sciascia, mas parece que o que o preocupava eram as relações na máfia. Poderia dizer-nos algo sobre as relações pai-filho na máfia? É verdade que existem pais que organizam as coisas para que os filhos não se integrem nela, tal como ouvi dizer?

R. Carrabino: Não, os pais organizam a vida dos filhos depois da primeira infância. Vivem dentro da máfia e o filho de um mafioso cresce dentro da máfia. Onde está a máfia não há lugar para um corte entre pais e filhos. Se isso ocorre, então algo não funcionou, então o pai não está totalmente dentro do discurso da máfia; algo começou a perder suas garras.

Em relação às mulheres, às vezes, numa família em que o pai é mafioso, a mulher ajuda muito e isso é assim pois é ela quem sabe o que o homem deve fazer. Além disso, também existem mulheres mafiosas.

J.-A. Miller: No final das contas, se pretendemos levar em consideração a noção de tradição e a eficácia do Ideal do eu, o modelo da máfia é uma referência.

R. Carrabino: Sem dúvida, é um tema que tem me interessado e posso dizer que não há possibilidade de diferença entre pai e filho. O filho deve repetir o pai.

J.-A. Miller: Nesse sentido, pode-se dizer que a história se faz sempre pelas máfias. O partido bolchevique na União Soviética fracassou, enquanto que a máfia continua, houve uma queda do Ideal do eu comunista. Chamava muito a atenção, quando vimos chegar os colegas que vinham dali, na época em que ainda existia a União Soviética, a total rejeição pelos comunistas que ocupavam postos na hierarquia de todos os valores tradicionais do comunismo. A desconfiança em Marx, por exemplo, era algo que chamava a atenção. Nesse sentido pode-se dizer que o Ideal do eu havia se desagregado.

V. Palomera: Na novela *Cândido*, de Leonardo Sciascia, a morte da mãe da personagem situa muito bem o momento da chegada das tropas norte-americanas à Sicilia, na Segunda Guerra. Isso introduz uma mudança na relação do matriarcado siciliano. Não sei se Carrabino estará de acordo, mas a entrada dos soldados norte-americanos parece que marca uma mudança.

R. Carrabino: Não tenho muita informação sobre isso, não tenho um bom conhecimento desse período, mas me parece que a mudança do matriarcado tem outras origens. Quando Sciascia interpreta a máfia e os assuntos vinculados a ela, não toma o caminho correto. Não estou de acordo com a leitura dele sobre a máfia, ele não entendeu o que era. É minha opinião.

No que se refere à diferença essencial entre o comunismo e a máfia, posso dizer que o comunismo tem uma data de nascimento e a mafia não. É um fenômeno que tem sua raiz na cultura, um certo tipo de demanda e resposta, a demanda liberada da exceção. Isso é o essencial e o que a diferencia do comunismo.

Se alguém proveniente da máfia chega para uma consulta é por que já rompeu algo do seu vínculo com a máfia, adquiriu por si mesmo algo do direito à palavra.

H. Cid: No franquismo, o problema era como fazer com que as mulheres transmitissem os ideais, quer dizer, a tradição. Havia muitos livros sobre isso, conselhos sobre como educar as mulheres. O interessante é que, quando o ideal rachou, foram as mulheres que encontraram uma saída. Isso se vê bem no último filme de Almodóvar, a rebelião da mulher contra o conservadorismo.

J. R. Ubieto: Queria comentar que, no caso de Gide, como o senhor mesmo o retomou há anos, aparece claramente uma divisão entre a mãe da tradição, o que Lacan chama de maternagem moral, e a vertente da mãe do desejo. Algo imprevisto, que não estava na tradição, que dá um caráter estrutural a essa divisão. Queria perguntar-lhe se essa divisão pode continuar mantendo-se assim.

J.-A. Miller: Indubitavelmente

E. Berenguer: Para introduzir uma certa dialética nisso que se vinha dizendo, que a mulher é quem transmite a tradição; não sei se isso esgota tudo, haveria que se introduzir uma certa dialética. Podem ser vistos na história movimentos que são exatamente opostos, lendo-se, por exemplo, a literatura do final do paganismo, onde podem ser vistas as fissuras da família cristã, que atacava a autoridade do *pater* e tomava as mulheres como via de entrada. Certos escritos dão conta disso, creio que é Celso quem tem uma carta comentando o efeito subversivo da seita dos cristãos, e como as mulheres eram mais permeáveis a esse discurso subversivo.

J.-A. Miller: Sim. Não se pode chegar até o final de uma argumentação, avança-se e em seguida é preciso começar a retroceder. Quando se reflete em psicanálise, sempre acontece o mesmo. É o princípio das fórmulas do desejo, que encontramos na página 314, avança-se mas não se pode ir até o final. A estrutura das fórmulas do desejo refletem isso muito bem. Por isso recorremos a certos tipos de argumentação: primeiro sim, depois não e também outra coisa. Freqüentemente, é preciso ver como respostas contraditórias podem ser mantidas. Por um lado as mulheres são depositárias da tradição, o Outro de um saber que não é o saber dos livros, um saber-aí-fazer com aquilo de que se trata, que tem a ver com um saber mais prático e que está muito presente nas tradições do sul. De certo modo, também há aqui ao mesmo tempo algo sutil, pois as mulheres encarnam a continuidade cultural. Lacan sublinha que do lado mulher a continuidade é completa, ao passo que do lado homem estão as disjunções. Se queremos buscar a razão clínica que faz das mulheres um vetor dessa continuidade, poderíamos dizer, usando as observações de Lacan no Seminário, que ela se deve ao caráter distinto da identificação paterna ao Ideal do eu. Lacan diz que a identificação paterna consiste, para as mulheres, em saber onde ir buscá-lo. Mas, por isso, o novo que é trazido pelo Ideal do eu está menos marcado do lado mulher. É a interpretação metafórica que faz o sujeito Outro, e poderíamos dizer que do lado mulher, precisamente porque seu desenlace não é o mesmo, mantém-se mais a continuidade que a descontinuidade.

O outro ponto que também foi explorado pela literatura é o da mulher que, arrastada pelo amor, rompe com as tradições e está disposta a sacrificá-las pela particularidade de seu desejo. Vemos então que, por um lado, as mulheres enfatizam o aspecto continuidade feminina e, por outro, elas são fatores de ruptura da tradição.

Especulando, cabe inclusive perguntar se o fracasso do partido bolchevique não se deve a certa dificuldade que teve para captar as mulheres. O fracasso do partido bolchevique é algo bastante impressionante, pois durou 60 anos. Para as pessoas de nossa geração, supunha-se que o mundo estaria para sempre dividido em dois, era um dado básico, estruturador do nosso espaço de pensamento, que logo vimos desmoronar. Pelo que conheço da literatura comunista, era uma literatura marcada por um imaginário sumamente viril, ao passo que o que se difunde pela Igreja do século XIX está mais dirigido às mulheres. O partido bolchevique fracassou em construir um Ideal do eu capaz de resistir por mais de 60 anos — a psicanálise, nesse sentido, resiste por mais tempo —, e poderíamos supor que o partido bolchevique descuidou, precisamente, da condição essencial do elemento feminino na transmissão do Ideal do eu.

As insígnias do Outro

O ponto central da explicação de Lacan sobre a formação do Ideal do eu é que o sujeito se reveste com as insígnias do Outro. Isso é essencial para entender o Ideal do eu. São elementos significantes que estão fora da cadeia e que, num dado momento, capturam o sujeito, marcando-o para sempre. Isso é o que se chama significantização do eu, que opera por uma captura dos significantes do Outro com os quais o sujeito se reveste.

O exemplo típico é o tema da tosse no caso Dora quando diz: "tusso como meu pai". Lacan comenta que não se trata de uma imagem, mas que, no sentido estrito, a tosse paterna se reproduz por um significante. No Seminário sobre a identificação, Lacan retomará o tema do traço unário (*einziger Zug*) e, para valorizá-lo, vai procurá-lo no texto de Freud, no capítulo VII de *A psicologia das massas e a análise do eu.*

O princípio da metáfora do Ideal do eu consiste em substituir o mundo materno pelas insígnias do Outro e, através dessa substituição, produzir um novo valor: a significação fálica. Um modo de dizer que isso é ser homem, com todas as variações que as distintas tradições autorizam. Escreveremos a metáfora do Ideal do eu:

$$\frac{I(A)}{\cancel{M}} \cdot \frac{\cancel{M}}{\varphi} \cdot \varphi$$

Vou ler para vocês a página 310, último parágrafo:

O Ideal do eu é composto de uma maneira que não se permite vê-lo — refere-se ao falo —, *ou que só se permite vê-lo como algo que sempre nos escapa por entre os dedos. Nem por isso o falo deixa de correr no fundo de qualquer espécie de assunção significante.*

Esta é uma frase fundamental pois mostra que, no fundo, as insígnias do Outro, a prenda que passa, o que desliza é o falo — como no exemplo do gesto de barbear-se da mesma forma que o pai, em que, evidentemente, há uma variação, uma analogia com a castração. Lacan articula a correlação de ambos os termos.

Quero ler para vocês uma passagem muito clara que evidencia como o sujeito se reveste com as insígnias do Outro, através de uma operação de introjeção. É somente quando não funciona essa operação — como por exemplo nas seitas, onde as pessoas atraídas por elas apresentam uma certa deformação do Ideal do eu — que é possível verificar como o sujeito coloca seu Ideal do eu fora. O guru vem justamente nesse lugar. É uma operação totalmente contrária à da psicanálise. Há uma passagem, na página 306, terceiro parágrafo:

[A criança] ... *não se transforma realmente no pai, é claro, mas torna-se o pai enquanto Ideal do eu. Nesse caso, uma mulher pode realmente dizer, de maneira mais franca, é só escutá-la: "Eu tusso como meu pai". É de uma identificação que se trata ...*

Passo ao parágrafo seguinte, na mesma página:

Quando uma mulher diz "eu tusso como meu pai" ou "empino a barriga ou o corpo como ele", esses são elementos significantes. Mais exatamente, para destacar bem do que se trata, vamos chamá-los por um termo especial, porque não se trata de significantes empregados numa cadeia significante. Vamos chamá-los de insígnias do pai.

A atitude psicológica mostra isso na superfície — para dar nome às coisas, o sujeito se apresenta sob a máscara das insígnias da masculinidade ...

A partir de Freud, Lacan faz uma descrição muito precisa da operação, dizendo que consta de três tempos. No primeiro, a criança está com a mãe, é seu objeto libidinal; no segundo se inscreve a rivalidade com o pai, é uma tensão de rivalidade; e a metamorfose se produz no terceiro tempo, através do Ideal do eu.

Escreveremos aqui o desejo. O desejo se desloca em direção ao pai e chega um novo desejo vindo de outro lugar. A metáfora produz um novo tipo de desejo.

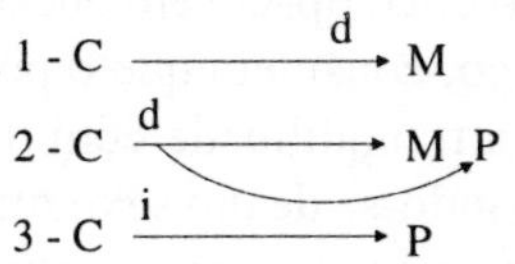

Na página 309, último parágrafo, encontramos esse ponto:

... o Ideal do eu sempre se constitui em oposição ao ponto virtual onde se produz a concorrência, o contest *do terceiro termo ... e em oposição ao fator comum metonímico que é o falo ...*

Em seguida, na página 315, faz um resumo desse capítulo:

Eu lhes trouxe, da última vez, um primeiro apanhado da identificação que produz o Ideal do eu, na medida em que este é o ponto de saída, o ponto-pivô, o ponto de conclusão da crise do Édipo em torno da qual se iniciou a experiência analítica, em torno da qual ela não pára de girar, ainda que assuma posições cada vez mais centrífugas. Insisti nisso, em que toda identificação do tipo Ideal do eu vinculava-se ao relacionamento do sujeito com certos significantes, no Outro, aos quais chamei insígnias, e nos quais essa própria relação vinha enxertar-se num outro desejo que não o que havia confrontado os dois termos, o sujeito e o Outro, como portador dessas insígnias.

Estou atrasado em relação ao plano que eu me havia proposto: queria mostrar de que modo Lacan apresenta o falo como significante, já que em várias oportunidades o deduz como comparável ao Nome-do-Pai. Apesar de existir na metáfora paterna uma metáfora do falo, ao Nome-do-Pai corresponde o falo como significado, a elaboração do falo como significante é a lógica que Lacan coloca em simetria ao Nome-do-Pai. Há vários dados sobre isso no Seminário.

Agora vou dar a palavra a Éric Laurent para que nos comente algo da sua leitura do Seminário.

É. Laurent: Na página 495, Lacan recomenda ir ao zoológico para ver os macacos. Precisamente durante o I Congresso da AMP que acabamos de celebrar, uma atividade programada para as crianças cujos pais participavam do Congresso foi ir ao zôo. Na volta, quando se reuniram com os pais, os relatos que os meninos fizeram foram distintos dos relatos das meninas. Um menino disse ao pai: "vimos um macaco, e seu pipi fazia tip-tap, tip-tap" e os meninos gritaram e riram porque o que lhes havia fascinado era o tip-tap em questão. E vemos que Lacan, com a visita ao zoológico, considera que o ponto central da visita aos macacos é inteirar-se da tranqüilidade com que essa tribo, e também outras, passa o dia ocupando-se de um sexo rutilante, sem se preocupar minimamente no que vão pensar os vizinhos. Deve-se dizer que a ênfase posta por Jacques-Alain Miller sobre a *Urbild* do eu, sobre o surgimento da imagem fálica, toma nessa visita uma dimensão eminente.

As saídas pelo sintoma

É. Laurent: O ponto que eu seguia no Seminário era sobre o que acontece com o sujeito, uma vez que deve distanciar-se do caminho direto ao falo para, como você destacava, encaminhar-se ao Ideal do eu. Essa trajetória é um instrumento clínico importante para pensar o tema das personalidades narcísicas, em relação ao que ocorre quando o caminho não é percorrido. Quando o sujeito vai em direção ao I, como faz para recuperar o falo?

Há várias soluções. J.-A. Miller, num dos capítulos que chamou "Uma saída pelo sintoma", destacou uma solução muito interessante. Lacan mostra aí que, no final das contas, distanciando-se de ser o falo, o sujeito acaba desocupando seu lugar, e o paradoxo é que, ao distanciar-se, o lugar é desocupado e o sujeito pode vir a ocupá-lo. Mas, em vez disso, existem saídas pelo sintoma nas quais o sujeito recupera o falo de um modo equivocado.

Há uns dois capítulos onde encontramos a contra-análise de Lacan em um caso de obsessão feminina que foi analisado por Bouvet. Lacan demonstra como o analista, trabalhando numa determinada direção, tratou o sujeito. Abordarei somente um ponto que podemos ler a partir da indicação da leitura que J.-A. Miller enfatizava, de interessar-se não na função de proibição, mas na função do analista que permite. Poderia ser feita uma clínica da saída da análise tendo presente aquilo que o analista permite na saída. No caso que gostaria de comentar, o analista permite algo, permite ao analisante absorver o falo. Lacan diz que o analista é como uma mãe, toma o lugar de uma boa mãe dizendo "sim, está permitido que absorva o falo que lhe faltava, você tem todo o direito". E temos, então, um sujeito perdido em sua reivindicação desenfreada, mas que Lacan não confunde com o *Penisneid.* Ao contrário, mostra a manobra do analista que permite a recuperação imaginária, e diz que essa é a saída pelo sintoma, buscar alguém um pouco mais poderoso, alguém de quem se possa supor que tem o falo e identificar-se com ele.

É um dos dramas recorrentes que se revelam no curso de um tratamento do obsessivo, aprender o que foram as identificações sucessivas àquela que dava permissão para ter o falo. No fundo, o analista utiliza um sintoma obsessivo para conduzir o sujeito a uma saída do tipo "sim, está permitido".

Na página 501, Lacan observa: *... o resultado é que nem uma única das obsessões desaparece, elas apenas são sofridas e experimentadas sem culpa*, dando lugar a uma distinção muito precisa entre a reivindicação do uso do falo, a representação imaginária do falo como elemento de poder, e o *Penisneid.*

Lacan também comenta que essa paciente não experimentava o *Pensisneid*, pois o final de sua análise consistiu em detê-lo e mandar seu filho ao analista. No fim das contas, oferece seu falo, quer dizer que o tem e, portanto, que não se trata da reivindicação histérica. E Lacan acrescenta que é como um *acting-out* que mostra o que deveria ter sido analisado, uma espécie de "está permitido", porém falido.

No capítulo seguinte, há outro tipo de saída pelo sintoma. É o nó de uma análise da diferença entre a lei e a culpa. Isso ocupou nossas discussões num momento determinado e o Seminário poderia ter sido um guia. Na página 509, Lacan assinala:

As obscuridades concernentes às incidências do supereu ... provêm, essencialmente, da falta de uma distinção fundamental. Convém, com efeito, distinguirmos a culpa e a relação com a lei ... — e esclarece: *Quanto à culpa, ela nasce sem nenhuma espécie de referência a essa lei.*

É uma indicação que não é suficientemente clara para nossa comunidade. A indicação que J.-A. Miller deu no início, quando disse que é preciso distinguir a lei da regra, também faz alusão a esse nó. Lacan mostra o mecanismo de culpa no obsessivo articulado em torno da vontade de destruição do Outro, em torno do enunciado de uma demanda que destruiria o desejo ou o apoio que o desejo toma no Outro, de onde viria a culpa.

Seguindo as discussões que nos ocuparam, perguntei-me se, a partir disso, não teríamos um instrumento para captar uma outra via de saída pelo sintoma: aquela pela qual o sujeito pode aproximar-se da demanda, destruindo o desejo sem experimentar culpa. Afinal de contas, há sujeitos que, no final da análise, podem dizer sem culpa "sou eu quem vai descobrir o Outro", quando na realidade esse Outro foi objeto de uma identificação que havia dado precisamente o acesso ao poder, à potência. É outra saída, através de um outro tipo de sintoma, e, a partir disso, poderíamos pensar em toda uma articulação clínica a realizar seguindo a Conversação que se iniciou em Arcachon. Tomando as distintas clínicas de Lacan, podemos situar esse tipo de saída pelo sintoma e distingui-la do sintoma como ponto de basta. No fundo, existem bons e maus pontos de basta e também existem saídas pelo lado equivocado.

J.-A. Miller: É interessante isso que você assinala, pois a passagem na página 511 sobre a culpa não é muito explícita.

O mandamento, a culpa e o supereu

J.-A. Miller: A quarta parte, que é muito rica, é a preparação do informe de Lacan sobre "A direção do tratamento...", que estará totalmente redigido em julho. Deve ser lida com esse texto, que é uma chave de leitura. Há também elementos que figuram na conferência "A significação do falo", como a articulação entre a necessidade, o desejo e a demanda; por outro lado também há uma leitura de trabalhos de analistas franceses da mesma geração de Lacan, como Bouvet, que na época foi considerado um teórico importante, o segundo homem inteligente da Sociedade Psicanalítica de Paris.

Temos o comentário sobre os três trabalhos de Bouvet, sobre os quais há todo um trabalho a ser feito quando esse Seminário for estudado. Voltei a ler o pequeno texto "Incidências terapêuticas da conscientização da inveja do pênis na neurose obsessiva", cuja referência exata encontra-se na página 460. É de uma comicidade absolutamente irresistível, e a leitura que Lacan faz é prodigiosa. O caso Bouvet está cheio de detalhes, é muito preciso e agradável de ler. Mas Lacan chega e começa a sublinhar tal ou tal ponto, e se produz uma espécie de fogos de artifício, o caso se organiza de modo absolutamente distinto. No último ponto, dedica-se a mostrar como aquilo que Bouvet assinala como testemunha da boa vontade da paciente, dos bons sentimentos que tem para com ele, como confiar-lhe seu filho, é interpretado por Lacan de um modo completamente distinto. Foi isso que Laurent destacou. Obviamente que na "Direção do tratamento...", há referências à concepção de Bouvet, mas de modo muito restrito, comparado com o desenvolvimento que faz nesse Seminário.

No último capítulo, precisamente porque nesse caso há um desenvolvimento de elementos que concernem ao sentimento de culpa, e como antes havia feito considerações sobre o supereu, apresenta uma articulação entre três termos: o mandamento, a culpa e o supereu. Utiliza o grafo para situar essas funções sobre três linhas, as duas principais e a secundária, que aí é a linha do desejo, tal como figura no último grafo, o desejo em sua relação com a fantasia. Procede a distribuição dos três termos nos três níveis. O esquema é muito fácil de compor. Situa o mandamento na linha superior, a culpa na linha intermediária e o supereu na primeira linha.

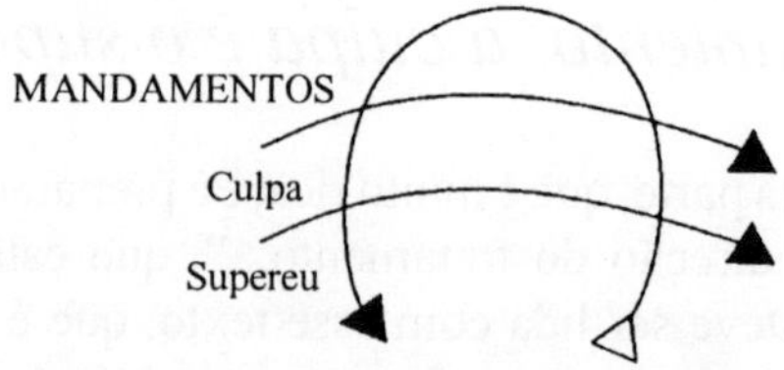

Estou tomando-o na ordem inversa daquela apresentada no Seminário. O supereu indevidamente chamado feminino, quando na teoria aparece como materno, é uma referência à obra de Melanie Klein; um supereu muito mais arcaico que o supereu pós-edipiano freudiano, o do declínio do complexo de Édipo. Melanie Klein, ao contrário, mostra que na primeira infância há um supereu feroz já constituído a partir da mãe, que Lacan reproduz em seu grafo, vinculando o supereu ao Outro primordial da demanda. No estado final do grafo, depois desse Seminário, colocará o supereu nesse pequeno setor terminal, mais além do Outro. Na página 512 pode-se ler:

Na observação ... diz-se, não muito bem por que, "supereu feminino", embora ele seja comumente considerado o supereu materno em todos os outros textos do mesmo registro — anomalia imputável, sem dúvida, ao tema da inveja do pênis que concerne à mulher como tal. O supereu materno, arcaico, aquele a que estão ligados os efeitos do supereu primordial de que fala Melanie Klein, está ligado ao Outro primário como suporte das primeiras demandas, das demandas emergentes — eu quase diria inocentes — do sujeito, no nível das primeiras articulações balbuciantes de sua necessidade, e daquelas primeiras frustrações ...

Trata-se de um nível em que a demanda do Outro está separada da demanda ainda sem a complexidade dada pelo desejo — uma localização do supereu que, em Lacan, permanecerá constante antes que ele desenvolva de modo mais sofisticado a conexão entre o supereu e o gozo.

Na linha superior, que costuma ser chamada de linha do horizonte, temos os mandamentos. Lacan diz na página 510:

Aqui reina o mando. Chamem-no como quiserem, chamem-no de dez mandamentos, por que não? Eu lhes disse antes que os dez mandamentos eram, muito provavelmente, leis da fala, ou seja, que todos os distúrbios começam a afetar o funcionamento da fala a partir do momento em que eles não são respeitados ...

Esse é o nível do mando. Ele existe. Existe tão bem que, na verdade, emerge sozinho.

E em seguida, Lacan nos remete às obsessões do Homem dos Ratos, aos mandamentos do que lhe aconteceria se não passasse no exame, até o estado de pânico quando lhe vem à mente: "você vai cortar a garganta da velha" etc.

Assinala-o também (p.511), de forma muito mais clara, nos psicóticos: *Essas ordens, eles a recebem, e um dos pontos-axiais da classificação é saber em que medida obedecem. Numa palavra, a psicose coloca no horizonte da relação do sujeito com a fala a autonomia dessa função da ordem ... No obsessivo, ela é velada velada e fragmentada.*

Lacan localiza a culpa na região intermediária, que é a do desejo. No fundo, para ele, a novidade desse grafo consiste na criação dessa região intermediária do desejo. Escolheu chamá-lo de grafo do desejo. Durante o Seminário, afirma a originalidade e a novidade do que descobre e constrói, uma nova definição do desejo no intervalo entre a linha da demanda bruta e a linha superior do horizonte. No entanto, não lhe dá uma definição muito estável, mas procura entender o que significam os termos.

Dá conta da culpa não ao nível do supereu ou do mandamento da lei, mas como um fenômeno do desejo. Cito o parágrafo: *A culpa, como diria o sr. De La Palice, é uma demanda sentida como proibida.* O problema é que definir a culpa como uma demanda sentida como proibida não é de forma alguma um disparate. Indica que ainda não o tem muito elaborado, porque normalmente a proibição deve remeter à lei e, no entanto, aí dá a entender que se trata de uma proibição que é anterior a ela. Parece mais que se trata de algo da ordem do impasse, que pertence à ordem da regra.

Encontramos um termo que me parece muito bonito e que Lacan emprega somente uma vez — *a mecânica da relação do obsessivo com seu desejo* —, para mostrar que, ao afirmar-se, o desejo do obsessivo conduz automaticamente à sua própria anulação. Encontramo-lo na página 424:

... observamos nessas ocasiões a mecânica da relação do sujeito obsessivo com o desejo — à medida que ele tenta aproximar-se do objeto, nas vias que lhe são propostas, seu desejo se amortece, a ponto de chegar à extinção, ao desaparecimento. O obsessivo é um Tântalo,

diria eu, se Tântalo não nos fosse apresentado pela iconografia, que é muito rica, como uma imagem sobretudo oral.

Insiste no Seminário, sobre o algoritmo interno ao desejo do obsessivo e, para retomar o tema do Homem dos Ratos, está a Dama de seus pensamentos que é desejada na medida em é proibida, que é distante, inacessível e que, ao tornar-se mais acessível, o obsessivo já não entende do que se trata e vai dar uma volta.

Essa é, sem dúvida, a raiz do que Voltaire assinalava e que Miquel Bassols retomou em seu discurso como Presidente da Assembléia da EEP, a Dama que diz "não". Ela utiliza o significante "não" com o significado de "talvez", com o intuito de que ele siga desejando e, no momento em que acredita que ela ainda seja inacessível e que, portanto, continua desejando, ele se vê atado pela rapidez da sedução. O que diz Voltaire é apenas descritivo mas, no fundo, é a manobra que o desejo obsessivo opõe a uma mulher.

É importante para uma mulher saber lidar com o sintoma do obsessivo. É preciso manter o "não" durante o maior tempo possível para poder surpreender a presa, pois tradicionalmente, o homem parece o caçador, desde os tempos pré-históricos, com seu arco e flecha, mas na realidade é ele quem é caçado. Sobre o manual da caçadora, temos Diana, a única referência à caça que há em Lacan, que eu me lembre. Diana e os cachorros que correm atrás de Acteon. O manual da caçadora perfeita indica que há que se manter o "não" o maior tempo possível, mas sem se enganar.

Lacan está tão seguro de sua clínica que dá o matema do desejo obsessivo, que deve ser colocado em oposição ao desejo histérico.

d_o — quer dizer, a anulação como índice do desejo
d_x — o *x* como enigma que é preciso resolver

Pelo lado histérico, o desejo e o enigma se conectam, apresentando-se como um enigma a decifrar. Temos, por exemplo, a pergunta: "Você vai conseguir saber o que eu desejo, saber o idioma que eu falo, quem sou, lento como é?" Por outro lado, temos a pergunta do obsessivo: "Eu desejo? Mas se desejo, por quanto tempo?", tal como Descartes perguntava "Penso logo existo, mas por quanto tempo?"

É. Laurent: Essa apresentação do algoritmo, da maneira como Lacan o aborda, não é contraditória com a idéia de uma proibição anterior à lei, pois o situa observando que os analistas perceberam a diferença entre o nível da lei, do supereu vinculado à proibição, e o exercício do supereu materno que liga ao primeiro Outro como suporte da demanda. Baseado nessa relação, pode-se supor o desejo a partir dessa proibição, antes da lei, exercida por um supereu anterior ao desalojar da lei enquanto tal.

J.-A. Miller: Sim, você tem razão, a partir do momento em que Lacan diz que é preciso colocar o supereu nesse lugar, pelo seu caráter arcaico, justificam-se os mandamentos, representados na linha superior, onde está a lei, o sublime supereu freudiano e aqui o supereu arcaico materno de devoração, de horror. Lacan tende a distinguir o supereu e a lei, mas em termos freudianos temos o supereu na linha superior. É preciso, porém, fazer a ressalva de que a lei transforma o supereu. Lacan transforma-o em dois registros muito distintos, um em relação ao Nome-do-Pai, ao passo que o outro conserva essa conotação de horror e ferocidade.

Em relação ao obsessivo e à demanda, Lacan finalmente é levado a dizer que, para o obsessivo, a demanda é um objeto. Ele tenta encontrar a demanda do Outro, por exemplo, negando-se a pedir pois quer conservar o objeto da demanda. A demanda é um enunciado, mas o obsessivo cobra com tal intensidade, em ocasiões de angústia, que pode convertê-la num objeto. Lacan indica como utiliza a antinomia entre desejo e demanda. De certa forma, o sujeito, quanto mais converte a demanda em objeto, menor é a margem que deixa para o deslizamento do desejo.

Se ilustramos isso na clínica, podemos falar do aspecto mortificante da exigência. Quando se exige não se discute mais; o auge da demanda é quando não se discute mais. Podemos dizer que, no momento em que a demanda assume a forma da exigência ou dá o ultimato, não há mais lugar para a interpretação do desejo. Isso mata a incógnita do desejo, pois o desejo está sempre à margem, precisa do "*x*" histérico para existir. Quando a demanda explícita é invariável em sua formulação, não resta mais lugar para o desejo. A ênfase posta na demanda mata tanto o desejo do sujeito como o desejo do Outro. Essa é uma das especialidades do obsessivo, que se exige não falhar no momento da exigência, não deixá-la passar.

Há algo que Lacan sugere nesse momento do Seminário, que é preciso verificar se depois o manteve e se é algo que é preciso manter. Refiro-me à ênfase excessiva da demanda que mata o desejo e que tem como conseqüência a culpa, justamente por matar o desejo próprio e o do Outro. No entanto, isso não fica aí demonstrado.

Porém o que Lacan continua sustentando é um conselho ao analista: é preciso minimizar a angústia do sujeito, mas não desculpabilizá-lo, pois a culpa é o vetor que indica onde está o desejo. Quer dizer, ele aí vincula a culpa à lei. Mais tarde, Lacan vinculará mais estreitamente a lei e o desejo.

O grafo mostra muito mais do que diz, pois se o vetor superior é o da cadeia significante da lei, então já está indicada a relação do avesso e do direito, o sentido como a culpa deixa-se interpretar como desejo, e por isso parece absurdo ligar a culpa ao proibido.

É. Laurent: A questão é se a culpa estaria mais ligada àquilo que em seguida será registrado como o gozo, enquanto aí se apresenta no setor inferior. Existe a articulação de uma culpa centrada em outro termo distinto do desejo, que estaria talvez mais relacionada à Coisa do que ao desejo tomado em sua metonímia.

J.-A. Miller: Sim, mas eu me inclinaria mais a dizer que o sentimento de culpa é muito polimorfo, que parece um pouco caduco. Atualmente existem poucas elucubrações sobre o sentimento de culpa. Nos anos 30, para os analistas era muito consistente buscar a raiz do sentimento de culpa, mas não para nós, pois existe um polimorfismo desse sentimento. Precisamente pelo que você evocava, a culpa em relação ao gozo. Por que não colocar também o sentimento de culpa no nível onde está o supereu dizendo: "Goze!"?

À medida em que o sujeito se sente em déficit em relação ao imperativo do gozo, sente-se culpado por não gozar. Vemos isso clinicamente nas mulheres que dizem ser frígidas, já que pelo ideal cultural, há culpa por não ter acesso ao gozo que seria necessário, é uma culpa ao nível do gozo.

É. Laurent: Mas há também uma culpa do proibido, essa culpa por não gozar o suficiente, pois aproximar-se da demanda proibida mataria o desejo, se gozaria verdadeiramente. Há sujeitos em análise com uma falsa saída, uma espécie de gozo ruim, que destroem finalmente isso que sustentavam e também a si mesmos na mesma operação. A suspensão da culpa obtida pela análise pode levar certos sujeito a manifestar isso de forma mais intensa.

J.-A. Miller: Sim, com efeito, podemos então entender a demanda como a exigência superegóica, mas, então, nesse momento, seria antes uma exigência sentida como impossível. Não vamos alterar o que Lacan formulou aqui! Temos que pensá-lo como uma exigência sentida como impossível se quisermos vinculá-lo com o imperativo superegóico. Mas isso complica a compreensão da palavra "proibido", pois é uma proibição que não é a da lei. Melhor deixar a proibição do lado da lei e propor outro termo. Se hoje em dia tivéssemos que nos colocar a pergunta sobre o sentimento de culpa, seria mais um *revival*, tenho a impressão de que não seria muito atual e que o abordaríamos mais pelo seu polimorfismo em vez de situar a culpa num lugar determinado. Creio que poderíamos situar a culpa em vários lugares da articulação.

O circuito infernal do desejo obsessivo

Vou deter-me na quarta parte, onde Lacan faz muitas considerações cômicas — ele mesmo diz que são humorísticas —, e retomar o algoritmo da anulação do desejo obsessivo. Descreve condutas que encerram uma profunda verdade psicológica e, ao mesmo tempo, uma pertinência analítica sem igual. Para o obsessivo e seu desejo, traz algo do estilo do retrato de La Bruyère, que descreveu as relações sociais e as paixões, os tipos sociais. Talvez os colegas espanhóis não o conheçam muito, mas aos franceses nos foi ensinado na escola. Desse escritor da época de Luís XIV, há um livro que vale a pena ler, onde são retratados os tipos sociais, e existem algumas reflexões sobre os tipos extravagantes. Lembro que adorava um que era aficcionado por pássaros. Tratava-se de um homem que tinha uma paixão por pássaros e sua casa se transformava numa verdadeira gaiola.

Qual o algoritmo do desejo do obsessivo? Aborda-se pela sua diferença com o desejo da histérica, que é o simpático desse sujeito, já que toda simpatia é intrinsecamente histérica, não existe a simpatia obsessiva. O elemento da simpatia, quer dizer, o padecer, o sofrer com o outro no sintoma, é próprio da histeria, mas o obsessivo também é capaz disso, pelo seu lado histérico. O simpático no histérico é precisar do desejo do Outro, ele murcha como uma flor sem água sem o desejo do Outro que o desperte, que o anime, e isso o leva a fazer qualquer coisa para despertá-lo. Inclusive pode fazê-lo enfastiando-o, fazendo que lhe dêem bofetadas, mas é sempre simpático. É um testemunho de que o campo do Outro não está morto. Busca regular o sistema do Outro, cruzá-lo, fazê-lo tropeçar, até mesmo fazê-lo cair; é sempre simpático. E há sempre analistas que, na sua prática, ficam furiosos porque tal sujeito histérico lhe coloca pedras no caminho constantemente, paga em demasiado ou se atrasa, presenteia em vez de pagar, parte num momento inesperado, e logo nos inteiramos de que tudo isso são demandas de amor que devem ser interpretadas positivamente. Se assim for feito, todas essas manifestações tendem a diminuir, ao passo que, se o analista um pouco obsessivo dedica-se a ordená-las, obtém a proliferação que tanto o incomoda.

O desejo histérico necessita do desejo do Outro. Vemos, por exemplo, sujeitos histéricos adoecerem por não encontrar a seu redor o desejo do Outro, e a análise lhes permite voltar a encontrar, eventualmente imaginando o desejo do Outro. Apenas com o movimento da fala, a passagem transferencial da demanda de análise tem esse efeito positivo. Evoco isso, apesar de ser muito conhecido, para compará-lo com o desejo obsessivo como faz Lacan, pois o eixo de toda a quarta parte é o desejo do Outro.

A contradição inerente ao desejo do obsessivo é seu impasse: sua relação intrínseca com o desejo do Outro consiste em destruí-lo. No plano do desejo, está suspenso num "ou você ou eu", longe de saber, como o histérico, que o desejo se sustenta no desejo do Outro. Estabelece-se uma relação de agressão especular no nível do desejo, e daí a questão que se coloca sobre quem manda. A contradição do obsessivo é impor seu desejo para que sobreviva e se sustente e, para tanto, o desejo do Outro deve ser atado.

Lacan dá um belo exemplo, que localizo nessa construção, da criança que será um futuro obsessivo. Ela pede algo, uma caixinha, perseguindo seus pais e as pessoas à sua volta o tempo todo, dizendo: "quero minha caixinha, quero minha caixinha!". Percebe-se que, para esse esboço de obsessivo, qualquer coisa que seja dita ou nada é o mesmo: "aqui não a temos, estamos no carro, quando chegarmos etc.". A criança não quer saber nada disso, tampa os ouvidos para não ouvir, pela raiva que tem por não poder apoderar-se do Outro. O obsessivo postula seu desejo contra o Outro e busca sua anulação. O problema é que, impondo seu desejo na forma de uma exigência invariável, destrói seu próprio desejo. Aí tocamos o elemento de culpa que Lacan marca. Finalmente lhe dão a caixinha para que não perturbe mais e, quando a tem, já não lhe interessa em absoluto. Tem em suas mãos somente o resíduo de sua própria exigência. Depois que incomodou tanto ao Outro que tem a sua mercê, este deixa de interessá-lo, pois perde o atrativo da alteridade. No triunfo de sua exigência, descobre que isso não vale nada. E assim há relatos de parceiro-sintoma em que a mortificação do Outro está tão bem realizada que o desejo do sujeito desaparece.

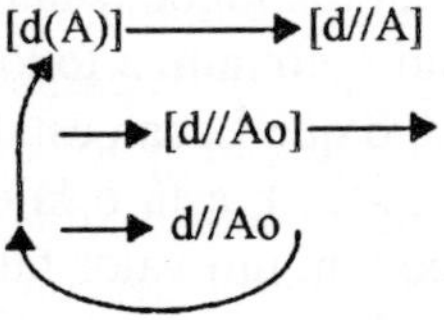

Escrevi um modo muito simples de algoritmo. No desejo do Outro instala-se a antinomia entre o desejo e o Outro. Essa é a fórmula mais simples com três termos, o algoritmo é a antinomia. Cada vez que o Outro está em algum lugar, o desejo deve estar separado dele. Certamente, é a fórmula da burocracia: onde há Outro, que não haja desejo mas automatismo. Se casualmente o desejo se insere no mecanismo, é o final do encontro. Talvez seja preciso acrescentar que, no final, isso volta sobre o desejo anulando-o. Podemos colocar uma pequena fórmula que se encadeie. Partimos do desejo do Outro que é a fórmula inicial.

Se cada vez que temos o desejo do Outro separamos o desejo e o Outro, o resultado é que, ao triunfar o desejo, fica-se reduzido à zero. Não se trata do cadáver leproso como no caso Schreber, mas do par de mortos vivos. É uma forma de representar o circuito infernal do desejo do obsessivo.

No fundo, Lacan fala de uma demanda sentida como proibida, principalmente no momento em que o desejo se faz sentir como uma demanda exigente sobre o Outro, o que conduz à morte do desejo. Então, o obsessivo tem toda a razão do mundo para sentir-se culpado quando se aproxima o momento em que vai exigir a anulação do Outro.

Do falo como significado ao falo como significante

Destaquei anteriormente que, no Seminário, Lacan passa rapidamente do falo como significado, exigência da metáfora paterna, ao falo como significante. Imagino que nos anos 57-58, isso desorientou seus ouvintes mas, atualmente, não há razão para que aqueles que trabalharam nos *Escritos* encontrem alguma dificuldade.

No Seminário 4, Lacan distingue o falo como objeto imaginário por excelência, denominador comum a todos os objetos. Se tomamos uma seqüência de objetos, o que Lacan estabelece é que, no fundo de todos esses objetos (a, a', a''...), está o falo, ou seja, que os objetos catexizados pelo neurótico têm um valor fálico. Freud fala de *Bedeutung*, da significação fálica de tal forma que Lacan foi levado à fórmula:

$$\frac{a}{-\varphi}$$

Estabelece a posição do sujeito do desejo a partir do falo, precisamente da castração imaginária do falo. A posição do falo como denominador comum dos objetos do desejo do neurótico significa, em termos freudianos, que os objetos do desejo têm uma significação fálica — é uma posição já exposta no Seminário 4. Lacan formaliza tal construção na metáfora paterna, fazendo do falo uma significação conforme a indicação de Freud. E por falar em significação fálica, é preciso dizer que o falo é por excelência uma significação. O resultado bastante conhecido da metáfora paterna, é que o significante do Nome-do-Pai sobre o significante do desejo da mãe faz surgir um sentido novo. O falo aparece no nível do significado.

$$\frac{\text{N do P}}{\text{DM}} \cdot \frac{\text{DM}}{x} \longrightarrow \text{N do P}\left(\frac{\text{A}}{\text{Falo}}\right)$$

O falo já está presente antes, na relação do desejo da mãe, mas não situável, como uma incógnita, um significado que desliza por todos os lados e que está no reflexo do espelho. Isso está muito bem descrito na relação do Pequeno Hans com o falo materno, ele tentando situá-lo, e é a introdução do Nome-do-Pai o que o localiza. É o ponto no qual Lacan se encontra ao final da primeira parte do Seminário. A ordem significante está sustentada pelo Nome-do-Pai, que lhe dá seu fundamento, seu alcance, enquanto que o significado terá o falo como denominador comum de todos os significados na ordem do desejo.

O passo que Lacan dá, continuando seu movimento de elaboração, consiste em dizer que o falo, para ser esse denominador comum dos significados, deve ser ele mesmo significante. Esse é o deslocamento, o falo não sente um significado como todos os demais, mas o significado de todos os significados. Então o falo tem um estatuto superior ao de significado já que, de certa forma, é como o Nome-do-Pai, um significante que reúne a todos os significados. Sua reflexão é sobre como obter um significado que seja o denominador comum de todos os demais, e conclui que, para tanto, é preciso convertê-lo no significante que designa os significados em sua totalidade. É a matriz de toda a indagação de Lacan no Seminário: como obtemos o todo do significante? Como obter para todo x? Para tanto faz-se necessário o Nome-do-Pai como significante, e então Lacan o escreve: (ϕ).

$$\begin{array}{lll} \underline{S} \longrightarrow & \text{N do P} & \text{Significante do Nome–do–Pai} \\ s \longrightarrow & \text{Falo} & \text{Significado de todos os significados} \end{array}$$

Temos, na página 405, o curioso esquema que devemos às notas de Paul Lemoine, onde Lacan representou o conjunto de significantes, o conjunto de significado e o Falo como um significante que está aí “para significar”. Há um pequeno erro no esquema publicado, tenho que rever as notas de Paul Lemoine — os esquemas foram feitos de última hora, eram muito pequenos para pode colocar as inscrições e foi preciso refazê-los. Em minha opinião, nesse esquema S não deveria estar colocado assim, mas é preciso verificá-lo.

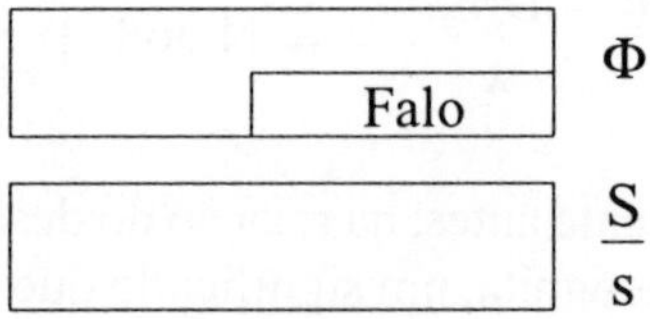

Na mesma página, dá a fórmula que manterá na "Significação do falo": *O falo é o significante particular que, no corpo dos significantes, especializa-se em designar o conjunto dos efeitos do significante, como tais, no significado.*

Há uma reduplicação e existem outras fórmulas desse tipo que abundam nesse Seminário, incluindo *a significação do falo é um elemento que não pertence à ordem do significado; é um significante.* Lacan experimenta várias fórmulas e, na "Significação do falo", alcança uma certa sofisticação que, obviamente, devem conhecer, mas o que estamos buscando é o movimento da investigação que o leva à fórmula, investigação que o levou inclusive ao Nome-do-Pai e à multiplicidade do significado.

Há uma certa simetria entre o significante do Nome-do-Pai e o significante do falo. Basta remetê-los à página 248:

Permitam-me uma fórmula concisa, que lhes parecerá muito audaciosa, mas à qual não teremos de voltar se vocês tiverem a bondade de admiti-la por um instante por seu uso operacional. Assim como eu lhes disse que, no interior do sistema significante, de autorizá-lo a existir, de fazer dele a lei, direi que, freqüentemente, devemos considerar que o falo entra em jogo no sistema significante a partir do momento em que o sujeito tem de simbolizar, em oposição ao significante, o significado como tal, isto é, a significação.

Do mesmo modo que o Nome-do-Pai reúne o significante, o falo designa o significado. Como Lacan está elaborando, com freqüência não se satisfaz com a fórmula que emprega, que está apenas experimentando.

Pensa o significante do Nome-do-Pai em simetria ao significante do falo, e assim como postula o significante paterno como o significante que, no lugar do Outro, autoriza o jogo dos significantes, postula outro significante privilegiado, cujo efeito é mudar a natureza do Outro, pois, como o sujeito, estará implicado na dialética do desejo. Esse outro significante é o falo.

Constrói o falo como significante do significado da mesma maneira que construiu o Nome-do-Pai como o significante do significante.

S(S) N do P
S(s) Φ

A partir do momento em que Lacan converte a libido freudiana em desejo e faz do próprio desejo um significado, temos uma substituição, a fórmula em que o falo é o significante do desejo. Tudo isso é uma elaboração contínua e não contraditória.

A partir daí, entre esses dois conjuntos, entendemos o termo que Lacan é levado a introduzir de modo surpreendente e paradoxal, parece que inclusive para ele mesmo. Não é algo que esteja fechado, vai construindo-o no mesmo ano em que o desconstrói. Por exemplo, num período do ano, escreve "Desejo" enquanto que nas fórmulas do desejo, "D" designa a "Demanda", e "desejo" ficará em minúscula, mantendo-o assim posteriormente em sua escrita. Vemos o momento em que fixa sua álgebra.

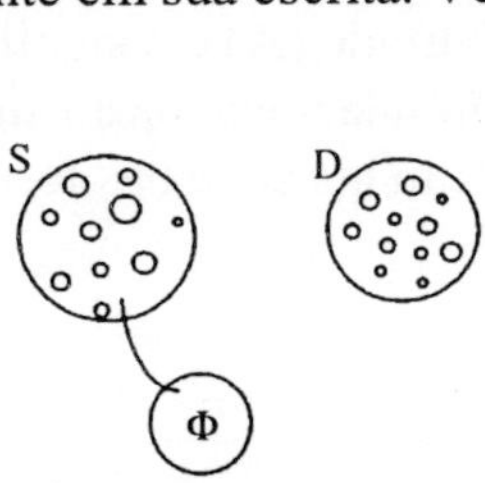

A partir do momento em que escreve o significante fálico no conjunto do significante, isso muda a natureza do Outro do significante, pois se introduz no Outro o significante do desejo, a impureza do desejo. Antes tínhamos o lugar do Outro como o lugar da fala, um lugar abstrato, como dizia Lacan, anônimo, quase imortal e, por outro lado, tínhamos o que pertence à ordem do desejo, da sexualidade, que Lacan no começo remetia à ordem imaginária. Mas o que traduz a inscrição do falo no lugar do Outro é, precisamente, que há desejo no Outro, e essa é a surpresa do Seminário. Por isso, a quarta parte gira em torno do desejo do Outro. Nós estamos acostumados com essa expressão, mas Lacan construiu seu conceito do Outro como as cadeias significantes que giram, e é uma novidade inscrever o desejo no Outro.

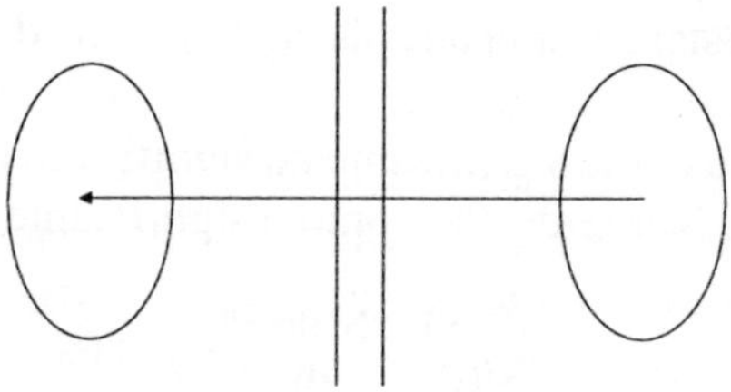

Então, trata-se de um Outro dividido, o Outro como o lugar da fala e o Outro como lugar do desejo — o que Lacan destaca na passagem da página 328:

... *há um outro significante privilegiado* [o falo] *que tem por efeito instituir no Outro uma coisa que modifica sua natureza ... ele* [Outro] *não é, pura e simplesmente, o lugar da fala, mas está, como o sujeito, implicado na dialética* [do desejo] ...

A reflexão mais complexa de Lacan gira, nesse Seminário, em torno de que não basta operar com o conceito do grande Outro, mas é preciso operar com sua relação com o desejo, e introduz esse matema nas fórmulas do desejo. Em conseqüência, é preciso dispor de outros matemas, como o Outro barrado ($\not{A}$) e o significante do Outro barrado S($\not{A}$). No Seminário, estão relacionados ao significante fálico, e também são matemas que Lacan inscreve nas fórmulas do desejo.

$A \Diamond d$

Sai do $S(\not{A}) \longrightarrow \Phi$

Em seguida dirá que o S($\not{A}$) não tem nada a ver com o falo, mas é como o introduz nesse Seminário. Uma parte de sua reflexão lógica e clínica gira em torno do paradoxo de ter que admitir a presença do desejo no Outro. Como dar conta, como é compatível o estatuto do lugar da fala com o estatuto que inclui o desejo, quer dizer, tão dividido como o sujeito? O sujeito está barrado mas o Outro também! É através da divisão do Outro que o sujeito pode ter acesso a algo de sua identidade de sujeito dividido, quer dizer, de seu desejo, que tem, desde logo, uma estrutura histérica. Ou seja, o desejo no Outro é necessário para que o sujeito tenha acesso a algo de seu próprio desejo.

O problema é tornar os dois estatutos do Outro — um Outro que inclui o desejo e um Outro abstrato — compatíveis. Ou seja, a questão é precisamente fazer com que sejam compatíveis o abstrato e o concreto do Outro. Essas passagens, que são surpreendentes, devem ser estudadas; estão na quarta parte, página 397:

Há, por um lado, a posição do Outro como Outro, como lugar da fala, aquele a quem é endereçada a demanda, aquele cuja irredutibilidade radical manifesta-se por ele poder dar amor... Mas há uma discordância entre o que há de absoluto na subjetividade do Outro que dá ou não dá amor e o fato de que, para haver acesso a ele como objeto de desejo, é necessário que ele se faça totalmente objeto.

Por um lado, o Outro abstrato como lugar da fala e, em seguida como uma discordância, o Outro do desejo, o Outro como objeto de desejo e entre os dois há uma queda, que será desenvolvida por Lacan bem mais adiante, em seu Seminário *De um Outro ao outro*. Essa discordância já está indicada na página 397, onde faz uma observação clínica muito interessante:

Efetivamente, já observei em mais de uma pessoa ... Eu teria umas dez observações de casos a lhes propor a esse respeito, sob toda sorte de formas, quer inteiramente claras e cruas, quer variadamente simbólicas, mas com o sujeito dizendo-o com toda clareza — é na medida em que o Outro como objeto do desejo é percebido como falo, e em que, como tal, é percebido como falta no lugar de seu próprio falo, que o sujeito experimenta uma coisa que se assemelha a uma curiosíssima vertigem.

Em que momento produz-se a vertigem? No momento em que o sujeito se relaciona com o parceiro-fala e deve agarrá-lo como objeto de desejo, quando então se produz uma discordância de estatuto entre o parceiro que fala e o parceiro como carne, como objeto de desejo. Nesse momento, o sujeito — sem dúvida refere-se ao sujeito masculino — perde suas coordenadas espaciais e cai na vertigem. Lacan se refere ao curto-circuito quando deve passar rapidamente do Outro abstrato ao Outro do desejo.

Durante a quarta parte, retorna a esse ponto com muita freqüência e formula a exigência de que o Outro também esteja marcado pelo desejo e que, portanto, é no lugar do Outro barrado que o sujeito deve ter acesso a algo de seu próprio desejo. É uma transformação na sua elaboração incluir o desejo no nível do Outro, e é essa consideração que o leva a situar o lugar do S(Ⱥ) no grafo.

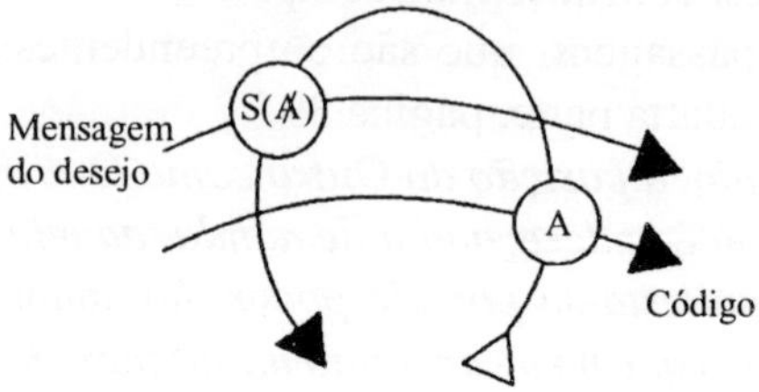

Neste esquema, ele colocou o Outro no ponto de cruzamento no código. Onde deve ser posto A, a relação do Outro com o desejo? Lacan não o coloca no nível do código, mas da mensagem final, querendo dizer que é no nível do Ⱥ que o sujeito pode encontrar a resposta para a sua pergunta sobre o desejo. Por isso dá ao Ⱥ o estatuto de mensagem, ao passo que o Outro tem o estatuto de código, dizendo-o explicitamente nessa quarta parte.

Homenagem a Sartre

Lacan assinala na página 325 que há um filósofo que tratou muito bem dessa questão, Jean-Paul Sartre: ... [isso] *foi desenvolvido ao longo de páginas magistrais, diversamente, pelo sr. Sartre, em* O ser e o nada. O que de Sartre está incluído nessa análise? Algo que em seguida Lacan reformulará.

Jean-Paul Sartre, formado na filosofia clássica, na fenomenologia husserliana, era um anti-psicólogo como foi Lacan. Lacan foi formado no anti-psicologismo por Durkheim, por quem teve uma espécie de paixão, o que pode ser visto nos *Complexos familiares*. Foi influenciado por Husserl, Heidegger, como por toda essa geração filosófica que ele freqüentou; também por Hegel nos cursos de Kojève. Desses cursos provém a idéia de que não se pode falar do desejo humano como se fala do instinto no animal. É verdade que existem aspectos comuns, mas na espécie humana os fenômenos de caça do tipo "cada um busca a sua" não são iguais. No reino animal procura-se o objeto do outro sexo, e o que justamente Sartre destacava é que na realidade humana é preciso considerar a relação entre as consciências, não havendo apenas um desejo de objeto, mas um desejo de desejo. Essa é a fórmula que Kojève extrai de Hegel, renovando a concepção sartriana, que segue a pista muito cuidadosamente à captura do desejo do outro. O desejo não é deste ou daquele objeto, mas desejo de desejo. Com efeito, são termos que em Sartre se expressam na idéia paradoxal de como capturar a consciência do outro, com exemplos que se tornaram clássicos sobre Proust e seu ciúme em relação a Albertine. Dominar o desejo do Outro é aquilo que Sartre descreve como dominar sua liberdade. É como no paradoxo do tipo obsessivo em que, se a liberdade do Outro é dominada, já não se tem a própria liberdade, deixa-se de ser senhor de sua liberdade. O que fez de sua liberdade? Os ciúmes são um modo de buscar o que se fez da liberdade que se aprisionou. Lacan faz essa homenagem a Sartre e comenta que, embora ele nem sempre seja de um absoluto rigor filosófico, tem, no entanto, um indiscutível talento literário. Sua homenagem é por ter inscrito na clínica o desejo do desejo, que implica uma reflexão do desejo. O desejo não é uma relação simples, mas mediada. Lacan o diz no Seminário, na página 325: *O sujeito não satisfaz simplesmente um desejo, mas goza por desejar, e essa é uma dimensão essencial de seu gozo.* E na página 326; diz:

... [está] n*uma posição tal perante o Outro, que, tanto no que ele apreende quanto naquilo com que goza, trata-se de algo diferente de uma relação com o objeto, trata-se de uma relação com seu desejo.*

Esta frase pode passar desapercebida, mas é essencial, pois implica a reflexão do desejo, essa relação ao próprio desejo.

Nesse sentido, $S(\not{A})$ é equivalente à relação entre o Outro e o desejo, matema que Lacan postulou e que pertence à mesma família do $(S \lozenge D)$, quer dizer, da relação do sujeito com sua própria demanda.

$$S(\not{A}) \equiv \begin{array}{l} A \lozenge a \\ \not{S} \lozenge D \end{array}$$

Na linha superior, situa-se tudo que é mediado, que entranha uma relação indireta. Estabelecer uma relação com a própria demanda é um grau a mais em relação a quando o sujeito fala e pede. Faz diferença perceber o que é minha fala. Detenho-me e digo: "vou retomar tudo isso num tom menos apaixonado". É o que habitualmente digo a mim mesmo: "vou me acalmar e falar mais gentilmente". Assim, estabeleço uma relação com minha própria fala, sem desaparecer nela como quando estou apaixonado.

Lacan produziu esse matema antes de lhe dar o sentido de pulsão. Simplesmente, é uma exigência lógica que se estabeleça uma relação do sujeito com sua demanda e com seu desejo. Então, seleciono alguns dos matemas possíveis que pertencem a essa família. Espero ter esclarecido este ponto e verão que muitas passagens da terceira e quarta partes referem-se à inclusão do desejo no Outro e ao lugar que lhe é dado por Lacan em distintas ocasiões.

Comentário geral e debate

Quero reservar um tempo para perguntas e intervenções, como também para fazer algumas observações um pouco desordenadas. Expus o grande princípio de Lacan no Seminário. Diante de uma pergunta vocês respondem: "é um significante". O que é a fantasia? Respondem que é um significante. Lacan retoma a teoria da fantasia e diz que insistiu-se muito sobre seu estatuto imaginário, mas que não devemos esquecer que o imaginário da fantasia está emoldurado pelo simbólico e que, portanto, é um imaginário mas tomado a partir de um certo uso do significante. Pela primeira vez, Lacan destaca que a fantasia sempre implica um cenário e que por isso é significante. Essa referência vocês a encontrarão nas páginas 420-1, quando fala de Sade. Em outro momento, se pergunta pelo *acting out*. O que é um *acting out*? Resposta: é também um significante. Quer dizer, o *acting out* "comporta sempre um elemento altamente significante".

Vemos como Lacan aplica sistematicamente a idéia do significante às categorias clínicas, submetendo-a à prova: tentemos ver o que isso possibilita perceber na clínica. Toma um certo número de categorias como significante e destaca aquela que na prova parece eficaz.

Podemos formular outra pergunta: O que é a regressão? Estou certo de que vocês agora já sabem a resposta. A regressão é um significante. Com efeito, nunca vimos, por existir regressão, um sujeito se pôr a gemer no divã como um bebê ou algo parecido. Pode ocorrer, às vezes alguns o fazem, porém isso não é uma regressão mas, ao contrário, uma alta sofisticação progressiva. Nessa perspectiva, a regressão significante proporciona uma série de dados.

Lacan aplica essa idéia sistemática e afortunadamente a uma série de dados. Por outra parte, é a forma de atuar sistemática que lhe permite encontrar o que não é significante. Assim, inventa o objeto *a*. É por poder dizer que tudo é significante que tropeça com algo que absolutamente não o é. Trata-se de algo que resiste, apesar da máquina trituradora. Há uma dimensão da experiência, um elemento, que não permite ser reduzido ao significante. Isso levou Lacan a postular que nem tudo é significante. Ou seja, diz "não" ao esforço que ele mesmo havia feito nessa direção.

Agora vou assinalar o lado irresistível da descrição do obsessivo, na página 425, onde Lacan o descreve pedindo permissão. É verdade que ele pede permissão por não se conformar, mas o que ele mais gosta é que não lhe dêem permissão. Se querem desconcertá-lo, dêem-lhe permissão, pois ele pede permissão para que lhe seja dito: "não, não faça isso". Quando isso ocorre, fica encantado, pois então pode desejar o que for. Ou seja, pede permissão para que lhe seja proibido e poder assim continuar desejando e, sobretudo, para poder odiá-los por impedirem-no de realizar seu desejo. Mas o que o impede é uma contradição interna de seu desejo, portanto, deve ser-lhe dada a permissão. Nesse ponto, o sujeito deve pôr à prova a contradição de seu desejo. Portanto, a atitude de Lacan era, no fundo, muito permissiva, exceto quando dizia "não", obviamente. Mas era permissiva para tentar que o sujeito comprovasse, mediante a experiência, que o outro não é o agente de seu tormento, pelo contrário.

Isso pessoalmente me tentava. Procurava dizer: "bom, durante dois anos farei um descanso, me afastarei dos assuntos institucionais e me ensinarão o que sabem fazer", por exemplo. Temi provocar o pânico, dar permissão para poder verificar em que medida o desejo de cada um era apenas um semblante, que estava ali apenas para receber a proibição que lhes permitia continuar vociferando, crendo, desejando.

Essa descoberta por parte do sujeito deve realizar-se em circunstâncias adequadas, na quais não haja obstáculos para a realização de seu desejo.

Encontramos uma descrição muito divertida da façanha obsessiva, na página 430. Trata-se do obsessivo que precisa fazer coisas extraordinárias para receber as felicitações do Outro, do jurado, e depois poder sair de férias. Na realidade, nunca sai de férias, nunca reage como mereceria. Vou ler para vocês uma passagem que me pareceu esplêndida. Está claro que Lacan sabia do que falava: *Observem a estrutura de nossos obsessivos. O que chamamos efeito de supereu quer dizer o quê?* — O próprio Lacan disse depois que não se pode dizer algo assim, que não existe o "efeito supereu", que há um e que é espantoso. Continuando:

Quer dizer que eles se infligem toda sorte de tarefas particularmente árduas, desgastantes, nas quais, aliás, obtêm sucesso, obtêm sucesso ainda mais facilmente por ser isso o que desejam fazer — mas saem-se nelas muito, muito brilhantemente, e em nome disso teriam direito a umas pequenas férias, durante as quais fosse possível fazer o que quisessem, donde a conhecida dialética do trabalho e das férias. No obsessivo, o trabalho é poderoso, sendo feito para liberar o tempo de navegação a todo pano que será o das férias — e a passagem das férias revela-se habitualmente, quase perdida. Por quê? Porque o que se tratava era de obter a permissão do Outro. Ora, o outro — refiro-me agora ao outro de fato, ao outro que existe ...

Como vocês vêem, Lacan nessa época já considerava que o Outro, lugar da fala, não existe:

... o outro ... não tem absolutamente nada a ver com toda essa dialética, pela simples razão de que o outro real está ocupadíssimo com seu próprio Outro, e não tem razão alguma para cumprir a missão de dar à proeza do obsessivo sua coroaçãozinha ...

Tudo isso é uma fase muito sensível, e que vale a pena expor em seu aspecto humorístico.

Esta claro, no meu caso. É evidente que adoro submeter-me a tarefas especialmente árduas e que faz muito tempo que compreendi que nunca poderei sair de férias. Isso é saber fazer com o sintoma. Existem coisas que não se pode mudar.

Portanto, como fazer da melhor maneira com o poderoso supereu? Trata-se de compreender de uma vez por todas que não nos darão uma coroaçãozinha. Passei muitos anos fazendo gestões com um cuidado extremo e fiz consultas por todos os lugares, mas, de um dia para outro, as pessoas perceberam que estava descontrolado, que queria tiranizar todo mundo. Se não espero uma pequena coroa e se por casualidade a recebo, fico surpreso quando me escolhem, adoro isso. Mas não esperar a pequena coroa é fazer da melhor maneira possível com seu sintoma. Há sintomas piores; impor-se tarefas difíceis e além disso alcançá-las não é um sintoma espantoso. E no fundo, evidentemente, não me transformei num preguiçoso; isso teria sido um triunfo da análise, mas está fora do meu alcance. Isso fez com que olhassem torto para mim em certas épocas, na época em que o *otium* era muito procurado, mas na nossa época em que se trabalha, isso me coloca em sintonia com o meio. Portanto, de fato, posso conseguir que vocês se beneficiem do meu sintoma, pois ao cabo de 12 dias sinto-me viçoso como uma rosa, e se páro de falar, é para que vocês descansem um pouco.

Agora abriremos um pequeno período de perguntas durante o qual vou comprovar que também há outros que estão alegres. Há alguma intervenção na sala?

Inés Lara de Anderson: Gostaria de fazer uma pergunta em relação ao significante. Sua definição é de que representa o sujeito para outro significante. Quando o senhor explicou a passagem do falo, de imaginário a significante, perguntei-me que sujeito ele representa, se o significante não tem esse efeito de sujeito. Pois esse efeito, observo-o bem na cadeia significante quando o sujeito fala numa análise, mas fico em dúvida sobre o efeito de sujeito no significante, nos matemas e, especialmente, no falo.

J.-A. Miller: Sim. Você introduz fórmulas de Lacan que são de vários anos posteriores, portanto, terá de construir o sistema de transformação que conduz de um ano para o outro. Aí Lacan não menciona o efeito de sujeito. Tem a idéia de que o sujeito existe, no início, de uma forma bruta, como grande tese. Assim figura nos *Escritos*, e assim é retomado no esquema simplificado. Descreve o sujeito como um "S", explicando que o jogo do significante faz com que o sujeito se signifique progressivamente. Na sua forma desenvolvida, é um "S" barrado ($), quer dizer, começa como sujeito bruto, inerte, virtual, depois não significante e, progressivamente, divide-se e fica marcado pelo significante. Lacan não tem ainda a idéia mais radical, que construirá mais tarde, de um sujeito que é efeito do significante.

Pergunta: Gostaria de retomar a discussão sobre a relação entre a culpa e a lei. Existe a idéia freudiana de que a lei faz parte da civilização, e que esta é criada pela culpa e não o contrário, e que a moral procede da culpabilidade. Poderíamos compreender essa culpabilidade anterior à lei como uma relação do sujeito com a pulsão, ou seja, que no fundo a demanda diante da qual o sujeito retrocede, por significantizar tudo, nessa época para Lacan, é justamente a "D" da pulsão. O sujeito retrocede diante da demanda que lhe permitiria satisfazer o desejo, e é o que ele mais teme, pois pensa que no fundo essa demanda é possível.

J.-A. Miller: Lacan diz que retrocede diante da demanda que mata o desejo.

Pergunta: Sim, pois se o satisfizesse já não existiria. No fundo, se não se trata de uma defesa diante da pulsão, que é o mecanismo mecânico, quase animal da defesa, e que é da ordem da introdução de uma falta a uma regra, e que participaria da defesa um pouco automática do sujeito que depois será retomada pela dialética da lei.

J.-A. Miller: Não sei muito bem como responder pois tenho dificuldade em situar a culpabilidade, a clínica da culpabilidade. É certo que existem posições melancoliformes, de acordo, vemos a culpa etc. Na sua prática, você vê pessoas que padecem de um sentimento de culpa? Eu vejo que na realidade trata-se de outra coisa, é uma relação com uma exigência, com a exortação ao gozo. Nesse sentido, vemos mulheres sufocadas pela culpa de não satisfazer seu parceiro e isso me parece que atualmente é o mais palpável.

Pergunta: É certo que clinicamente é algo que se traduz sobretudo por seus efeitos, e que não se pode apalpar diretamente pois é silenciosa, ou seja, a culpa obriga a fazer coisas que se manifestam, mas ela mesma não se mostra diretamente.

J.-A. Miller: Sim, mas nesse momento, freqüentemente, estamos diante de uma culpabilidade inconsciente, que é o princípio da formação dos sintomas. Quer dizer, constatamos que o sujeito trabalha contra si mesmo, que ele não conhece seus interesses e trabalha para seu próprio mal. Tenho pensado nisso do lado do castigo. No que se refere ao inconsciente, estamos de acordo. O trabalho silencioso implica que o sentimento de culpa não vem para nos dizer: "apresento-me ao analista do sujeito, sou eu o sentimento de culpa". No fundo, somos nós quem estruturamos o fenômeno de certa maneira, e parece-me que ao final do século XIX e durante uma parte deste século, durante um tempo ao menos, esteve muito vigente a idéia da culpa, da falta ligada à elaboração religiosa do Nome-do-Pai. Temos estruturado esse fenômeno da auto-destruição do sujeito, ou desse trabalho para seu próprio mal, como um castigo devido à culpa. Mas creio que atualmente não o estruturamos assim. É certo que se considerarmos os sintomas, o sujeito se dirige contra si mesmo, mas o interpretamos por um caminho diferente que o da culpa e do castigo.

Lilia Mahjoub: Gostaria de continuar nessa discussão sobre a culpa como demanda sentida como proibida. É o que diz Lacan no Seminário. Escutando-o, lembrei da clínica da moral que aparece rapidamente e que está ligada à fantasia. Por exemplo, olhar os órgãos genitais femininos e pensar que ao fazê-lo, seu pai irá morrer ou algo nesse estilo. Podemos dizer que, efetivamente, no início o desejo está ligado à destruição do Outro, à sua morte, mesmo sem ter existido nenhuma proibição por parte do pai. O pai não disse: "proibo que você olhe os órgãos genitais da mamãe". Podemos dizer que mais do que destruir esse Outro e, conseqüentemente, o desejo, trata-se, como você mostrou, da culpa que se situa entre o mandamento e o supereu, recobrindo o desejo em questão. Eu diria que é *interdite*, o proibido, pois quando aparece vem à deriva na cadeia significante, e como tal, não há significante para dizê-lo, da mesma maneira que ocorre com o desejo. De fato, qual é a clínica da culpa? É muito difícil situá-la, é sobretudo um sentimento, algo que enquanto tal não se pode transformar em significante e que está *interdite*, "inter-dito" entre os significantes. Isso, por outro lado, é algo que Lacan considerará muito mais tarde, essa história do *interdite* a propósito do gozo. Efetivamente, quando olhamos o grafo, vemos que considera essa deriva como imaginária, o que situa o desejo, e percebe que é algo que articula a demanda. O desejo recoberto pela culpa na clínica do obsessivo. Eu o articularia assim.

J.-A. Miller: Obrigado.

Pergunta: Gostaria de saber o que é o sentimento de culpa do qual fala Freud? Ele assim o chama. Efetivamente os termos "sentimento" e "inconsciente" trazem alguns problemas quando juntos. Se desenvolvidos, levam rapidamente ao gozo. Talvez por isso esse conceito de culpa segundo a herança paterna, um conceito de Kierkegaard, tenha sido recoberto pela utilização do conceito de gozo.

Pergunta: Gostaria de referir-me a outro ponto. O senhor começou com uma descrição muito cômica, a transmissão do manual que nos indica como atuar com o sintoma do obsessivo. Parece-me que chega a um desenvolvimento muito interessante que é a seqüência "desejo do Outro", seguido da antinomia "desejo/Outro" e "o Outro barrado". Como seria isso em relação a um saber fazer com o sintoma histérico?

J.-A. Miller: Creio que esbocei isso. O grande princípio é considerar que todas as dificuldades que nos são apresentadas quando se trata do sintoma histérico são pedidos de amor. Isso é o mais simples, considerar que o momento em questão é uma demanda de amor e estarmos persuadidos de que, no fundo, nunca nos equivocamos quando o interpretamos dessa maneira, tanto na análise como na própria existência. Para realmente ocupar-se de alguém que progrida é preciso amá-lo. Portanto, é uma profunda injustiça que fazemos ao sujeito histérico quando não percebemos a paixão que existe nas complicações que esse sujeito pode causar. Por outro lado, vemos a diferença, pois quando essa situação cessa, o sujeito se dá conta. E para que se dê conta verdadeiramente de até que ponto ele era desagradável, de como lhe tornava a vida impossível, deve haver um conhecimento do outro relacionado ao amor e que pode ser controlado a partir do momento em que assim é reconhecido. Para o sujeito histérico, é uma injustiça não responder: "comprendi você e eu também te quero". É relativamente mais simples que com o obsessivo. Atualmente na prática é um pouco diferente, pois com o obsessivo predomina a distância, ao passo que com o histérico predomina a proximidade. Obviamente que se produzem todas as variações. O sujeito histérico também pode viver num deserto amoroso e encontrar-se isolado na sua solidão. Em geral, na prática, pode-se observar esse momento no sujeito quando ele dá o passo de buscar o analista, momento que já é transferencial. Mas também vemos o histérico fechar-se e constituir o mundo como um deserto de amor. Isso constitui um obstáculo para a instauração de um laço analítico. O que vemos é a tendência no sujeito histérico a esconder-se no deserto do amor. É como o deserto do gozo. É um termo típico do século XVIII, quando as pessoas iam ao deserto como, por exemplo, quando partiam por um tempo da corte de Luís XIV e diziam: "vou ao deserto", e era muito bem visto. O histérico tem uma tendência muito forte a dizer: "sei muito bem que você quer me mandar embora". Depois de ter declarado todos os seus horrores, depois de todas as expectativas, diz ainda: "sei muito bem que você quer que eu vá".

Nesse momento é preciso perguntar-se por que seria preciso mandar embora um sujeito que acaba de demonstrar seu profundo interesse pela psicanálise.

Isso é um princípio. Obviamente que é preciso saber aplicá-lo aos casos particulares com um extremo discernimento e escolher o momento para que seja verossímil, mas é um princípio muito genérico. É algo como um algoritmo da prática. Evidentemente, é necessário um discernimento clínico. Com o obsessivo não acontece exatamente assim.

Bem, vamos nos deter aqui. Obrigado.

2242 3/1

Este livro foi composto pela
Textos & Formas, em Times
New Roman, e impresso por
Hamburg Donnelley Gráfica
Editora em outubro de 1999.